高等职业教育"十二五"规划教材

高职生职业发展与就业指导

向 阳 李建明 主 编
周晓林 张卫国 副主编

人民交通出版社

内容提要

本书为高等职业教育"十二五"规划教材,结合交通运输业的实际,介绍了高职学生就业需要具备的就业政策、求职技巧和心理适应等方面的知识,创业过程中应了解和掌握的知识和技能,以及交通运输业部分职业的特殊职业要求,帮助学生有意识地培养职业素质,为将来的就业做好准备。

本教材为高职高专学生就业指导课的通用教材。

图书在版编目(CIP)数据

高职生职业发展就业指导／向阳,李建明主编.
--北京:人民交通出版社,2011.12
 ISBN 978-7-114- 09526- 9

Ⅰ.①高… Ⅱ.①向…②李… Ⅲ.①职业选择-高等职业教育-教材 Ⅳ.①G717.38

中国版本图书馆 CIP 数据核字(2011)第 250797 号

高等职业教育"十二五"规划教材

书　　名:	高职生职业发展与就业指导
著 作 者:	向　阳　李建明
责任编辑:	李　娜
出版发行:	人民交通出版社股份有限公司
地　　址:	(100011)北京市朝阳区安定门外外馆斜街 3 号
网　　址:	http://www.ccpress.com.cn
销售电话:	(010) 59757973
总 经 销:	人民交通出版社股份有限公司发行部
经　　销:	各地新华书店
印　　刷:	北京市密东印刷有限公司
开　　本:	880×1230　1/32
印　　张:	5.75
字　　数:	154 千
版　　次:	2011 年 12 月　第 1 版
印　　次:	2016 年 12 月　第 2 次印刷
书　　号:	ISBN 978-7-114- 09526- 9
定　　价:	12.00 元

(有印刷、装订质量问题的图书由本社负责调换)

前 言

  高等职业技术教育以就业为导向,以培养高技能人才为宗旨。高等职业技术学院的毕业生应根据自己将来所要从事的职业活动的需要,认真钻研业务,掌握必备的专业知识和技能,从而适应将来职业活动的需要,同时,还应了解相应行业的职业活动特点和特定的职业道德规范要求。

  交通职业技术学院是为交通运输业培养专业技术人员的行业性职业技术院校,具有较强的行业特点,对毕业生有相应的特殊要求。面对交通运输业的迅猛发展和对人才要求的全面提高,交通职业技术学院不仅要加强对学生进行专业知识和技能方面的培养、训练,而且要结合交通运输业的行业特点,有针对性地对在校学生进行交通运输业的职业道德意识的培养和职业习惯的养成,让学生能较全面地了解交通运输业的行业特点和职业道德规范要求。

  面对当前严峻的就业形势和交通运输业的迅猛发展现状,需要加强对交通职业技术学院的学生进行职业道德和就业指导的教育和培训,让学生充分了解交通运输业的发展状况和特殊行业的从业要求。因此,我院组织部分长期从事交通职业教育的教师和长期从事毕业生就业、创业指导工作的教育工作者,结合交通运输业的发展特点以及我院学生的实际情况,编写了这本职业指导教材,作为交通职业技术学院学生就业指导课的通用教材。

　　本教材由向阳、李建明担任主编,周晓林、张卫国担任副主编,徐秋梅、吴小萍、翟娟、刘莉飞等老师参加编写。在教材的编写过程中,得到了湖北交通职业技术学院和湖北省交通运输厅相关部门的大力帮助,在此表示感谢。

　　由于本教材的编写尚属首次,处于摸索阶段,难免有诸多欠缺,竭诚希望得到大家的批评指正,以利于我们在教学中改进和提高。

编　者
二〇一一年七月

目录

第一章 职业及职业发展的特点 /1

第一节 职业及其分类 /1
第二节 职业的产生与发展 /6
第三节 职业与社会生活 /9

第二章 交通运输业及其发展 /12

第一节 交通运输业概况 /12
第二节 交通运输业的发展 /15
第三节 交通运输业代表性行业职业道德 /21

第三章 职业生涯规划 /36

第一节 职业生涯规划概述 /36
第二节 职业生涯规划的实施 /41
第三节 职业生涯规划中常见的问题 /47

第四章 就业法律与政策 /52

第一节 促进公平就业的法律制度 /52
第二节 促进就业的政策 /56
第三节 就业服务和管理 /64

第五章　择业心理准备与调适　　　　　　　　　　/72

第一节　大学生就业心理素质　　　　　　　　　/72
第二节　大学生求职就业过程中常见的心理问题分析　/77
第三节　学生就业心理问题的自我调适　　　　　/90

第六章　求职指导　　　　　　　　　　　　　　/110

第一节　了解搜集就业信息　　　　　　　　　/110
第二节　求职材料的写作及注意事项　　　　　/114
第三节　面试基本类型与应对技巧　　　　　　/121
第四节　面试礼仪　　　　　　　　　　　　　/134

第七章　大学生创业　　　　　　　　　　　　　/142

第一节　大学生创业概述　　　　　　　　　　/142
第二节　创业准备　　　　　　　　　　　　　/146
第三节　把握职业生涯中的机遇　　　　　　　/153
第四节　自主创业的实施步骤　　　　　　　　/158
第五节　大学生创业要注意的问题　　　　　　/172

参考文献　　　　　　　　　　　　　　　　　　/178

第一章

职业及职业发展的特点

职业是人类社会文明发展的结果,是人们获得社会承认的正式身份,是个人奉献社会、实现人生价值的根本途径,在人的一生中居于十分重要的位置。高职院校学生将要走向社会,实现自己的人生理想和价值追求,必须认真思考自己毕业后选择一个什么样的职业,从事什么职业来奉献社会,进而实现自己的人生价值。因此,认识职业特性、掌握职业的基本知识,既对今后的学习和工作具有非常重要的意义,也是正确择业和顺利走向社会的必备条件。

第一节 职业及其分类

一、职业的含义与特点

从汉语词义的角度来讲,"职业"一词由"职"和"业"构成。"职"是指职位、职责,"业"是指行业、事业。我国历代古籍中对"职业"的论述,大多从"应作之事"、"职务、职掌"、"事业"等角度来阐述。清代梁章钜之"士君子到一处,便思尽一处职业,方为素位而行",元代刘祁之"至於百官士流,贤否皆当如家人美恶;合公望,办职业,而为国者立法,辩其才,然后进退用舍",都从不同侧面诠释了职业的意义。

在德语中,职业一词为"Beruf",乃为"天职"之意。它意味着个人毕生应当为之不懈奋斗的目标。因此,职业本身已经包含了职业精神和职业道德的内容,它是一种具有高尚性的事业。

"职业"一词的本意至少包含了两个方面的含义:首先,职业体现了专业的分工,而没有高度的分工,也就不会有现代意义的职业观念,职业化意味着专门从事某项事务;其次,它体现了一种精神追求,职业发展的过程也是个人价值不断实现的过程,职业要求每个从业者都要对自己所从事的职业忠诚。

职业是人们参与社会分工,利用专门的知识和技能,为社会创造物质财富和精神财富,获取合理报酬,作为物质生活来源并满足精神需求的工作。它与人类的需求和职业结构相关,强调社会分工;强调利用专门的知识和技能;与社会伦理相关,强调创造物质财富和精神财富,获得合理报酬;与个人生活相关,强调物质生活来源,并涉及满足精神生活的需求。因此,职业是指人们在社会生活中所从事的以获得物质报酬作为自己主要生活来源,并能满足自己的精神需求,在社会分工中具有专门技能的工作。

职业作为人们所从事的某种事务,既是人们的物质生活来源,又能满足人们的精神需求,同时也是不断实现人生价值的重要途径。

职业是个人、社会存在和发展的基础,因为职业给人们解决了生活的经济来源问题,人们为了生存,必须从事职业活动,人们的各种社会活动大多都建立在职业的基础上,"衣食足而知荣辱",有了职业生活,才有其他一切社会活动的基础。

职业涉及社会的大部分成员,也涉及社会生活中政治、经济、心理、教育、技术、伦理等许多领域,因而具有广泛性。

职业同时还具有时代性:一方面,职业随着时代的变化而变化,一部分新职业产生,替代一部分与社会不相适应的旧职业;另一方面,每个社会都有自己的"时尚",它表现为该社会中人们所热衷的职业随时代变化而不断变化。

某一类别的职业内部,其劳动条件、工作对象、生产工具、操作内容、人际关系等都是相同的或相近的。由于情境的同一,人们就会形成同一的行为模式,有共同语言,很容易认同,同事、同行就是有一定类似的人群,这使职业具有非常明显的同一性。

与此同时,不同的职业之间存在着巨大的差异。职业的劳动内容、职业的社会心理、从业者个人的行为模式等方面,都具有明显的差异性。

众多的社会职业,可以区分不同的层次。从社会需要方面来看,各种职业没有重要与否,也没有"高低贵贱"的等级性,但在现实社会中,人们对不同职业的评价的确存在着差别。这种职业评价的层次性,根源于不同职业的体力、脑力付出的比例不同和工作复杂程度不同,以及工作的轻松性、教育资格条件、在工作组织权利结构中的地位、工作的自主权、收入水平、社会声望等方面的差别。因此,职业具有层次性。

二、职业的分类

社会分工是职业分类的依据。在分工体系的第一个环节上,劳动对象、劳动工具以及劳动的支出形式都各有其特殊性,这种特殊性决定了各种职业之间的区别。世界各国根据不同国情,提出了不同的职业划分标准。

西方学者根据职业的不同,提出了三种职业划分的方式。

第一,按脑力劳动和体力劳动的性质和层次进行分类。这种分类方法把工作人员划分为白领工作人员和蓝领工作人员两大类。白领工作人员包括:专业性和技术性的工作人员,农场以外的经理和行政管理人员、销售人员、办公室人员。蓝领工作人员包括:手工艺及从事类似工作的工人、非运输性的技工、运输装置机械的工人、农场以外的工人、服务性行业的工人。这种分类方法明显地表现出职业的等级性。

第二,按心理的个别差异进行分类。这种分类方法是根据美国著名的职业指导专家霍兰德创立的"人格—职业"类型匹配理论,把人格类型划分为现实型、研究型、艺术型、社会型、企业型和常规型,与其相对应,把职业也分为这六种职业类型。

第三,依据各个职业的主要职责或"所从事的工作"进行分类。这种分类方法比较普遍,是按国际标准将职业分类,把职业由粗到细分为四个层次,即8个大类、83个小类、284个细类、1506个职业项目,共列出职业1881个。其中8个大类是:①专家、技术人员及有关工作者;②政府官员和企业经理;③事务工作者和有关工作者;④销售工作者;⑤服务工作者;⑥农业、牧业、林业工作者及渔民、猎人;⑦生产和有关工作者、运输设备操作者和劳动者;⑧不能按职业分类的劳动者。这种分类方法便于提高国际间职业统计资料的可比性和进行国际交流。

20世纪90年代中期,随着社会主义市场经济体制的逐步建立和科学技术的迅猛发展,我国的社会经济领域发生了重大变革,对人力资源管理提出了新的要求。为此,国家提出要制定各种职业的资格标准和录用标准,实行学历文凭和职业资格两种证书制度。《中华人民共和国劳动法》中明确规定:"国家确定职业分类,对规定的职业制度、职业技能标准,实行职业资格证书制度"。为了适应社会经济发展的需要,1998年12月编制完成了《中华人民共和国职业分类大典》,并于1999年5月正式颁布实施。

《中华人民共和国职业分类大典》把我国职业划分为由大到小、由粗到细的四个层次,即8个大类、66个中类、413个小类、1838个细类。细类为最小类别,亦称职业。其中,8个大类分别是:①国家机关、党群组织、企业、事业单位负责人;②专业技术人员;③办事人员和有关人员;④商业、服务业人员;⑤农、林、牧、渔、水利业生产人员;⑥生产、运输设备操作人员及有关人员;⑦军人;⑧不便分类的其他从业人员。

从我国职业分类的结构看,我国职业的分布具有三个特点。

第一,技术型和技能型职业占主导。占实际职业总量的60.88%的职业分布在"生产、运输设备操作人员及有关人员"大类,分属我国工业生产的各个主要领域。从这类职业的工作内容分析,其特点是以技术型和技能型操作为主。

第二,第三产业职业比重较小。这些仅占实际职业总量的8%左右。三大产业中的职业分布,以第二产业的职业比重最大。

第三,知识型与高新技术型职业较少。现有职业结构中,属于知识型和高新技术型的职业数量不超过总量的3%。

职业分类在社会经济活动中有着非常重要的意义,对于个人职业选择、职业培训和职业实现有着极大的促进作用。同一性质的工作,往往具有共同的特点和规律,把性质相同的职业归为一类,有助于国家对职工队伍进行分类管理,根据不同的职业特点和工作要求,采取相应的录用、调配、考核、培训、奖惩等管理方法,使管理更具针对性;职业分类给各个职业分别确定了工作责任以及履行职责完成工作所需要的职业素质,为明确岗位责任制提供了依据;职业分类有助于建立合理的职业结构和职工配制体系;职业分类中规定的各个职业岗位的责任和工作人员的从业条件,不仅是考核的基础,同时也是进行培训的重要依据。

在经济全球化的背景下,职业分类具有以下显著特征。

(1)产业性。一个国家、一个社会的产业主要包括三大类:第一产业(农业、林业、牧业、渔业等),第二产业(工业和建筑业,工业中包括采掘业、制造业等),第三产业(流通和服务业)。在传统农业社会,农业人口比重最大;在工业化社会,工业领域中的职业数量和就业人口显著增加;在科学技术高度发达和经济发展迅速的社会,第三产业职业数量和就业人口显著增加。

(2)行业性。行业是根据生产工作单位所生产的物品或提供服务的不同而划分。行业主要是按企业事业单位、机关团体和个体从业人员所从事的生产或其他社会经济活动性质的同一性而分类的。从某种程度上说,行业表示了人们所在单位的性质。

(3)职位性。所谓职位是一定的职权和相应的责任的集合体。职权和责任的统一,形成职位的功能,职权和责任是组成职位的两个基本要素;职权相同,责任一致,就是同一职位。在职业分类中,每一种职业都含有职位的特性。例如,大学教师这种职业包含有助教、讲师、副教授、教授等职位。

(4)组群性。无论以何种依据来划分职业都带有组群性特征,任何一个职业都由一系列相应的职业群组成。例如,科学研究人员包含有哲学、社会学、经济学、理学、工学、医学工作者。

(5)时空性。随着社会的发展进步,职业变化迅速,除了弃旧更新外,同种职业的活动内容和方式也在不断发生变化,所以职业的划分带有明显的时代性。在职业数量较少的时期,职业和行业是同义语,但现今职业与行业是既有联系又有区别的两个概念,行业一般是作为职业的门类。在空间上,职业种类分布有区域、城乡、行业之间或者国别上的差别。

第二节 职业的产生与发展

一、职业的产生与发展

职业是人类社会发展到一定阶段的产物,它是伴随着社会分工的出现而产生的。

在原始社会初期,由于生产力水平低下,人们在适应自然、维持人类生存和发展的生产劳动中,只能通过人们之间的相互协作,采集果实、捕获猎物,从事原始农业。最初是氏族部落的男女进行分工,如男子外出打猎、捕鱼、制作生产工具,保护氏族部落安全;女子采集果实,从事原始农业、抚养孩子、制作食物和衣服。但在这个时期还没有出现职业,没有固定从事某项专门工作的人群,人们只是在社会生产劳动中分工协作。

随着社会生产力的不断发展,人们征服和改造自然的能力不断提高,生产的范围不断扩大,规模也在不断增强,产生了不同的生产部门,先是出现了原始农业,人们通过驯养动物和栽培植物,获得维持人类生存的必要物质资料;随着长期打猎的实践,人们捕获和驯养动物的能力不断提高,出现了游牧业和农业的分离;由于人们不断扩大生产规模、生产范围,对生产工具和生活日用品的需求也在不断增强,一部分氏族成员开始专门从事手工业生产,于是产生了手工业和农业的分离;随着生产水平的不断提高,生产规模的不断发展,生产的产品日益增多,有了相互交换的必要和可能,一部分人开始专门从事牧业、农业和手工业产品的交换,商业也从农业中分离出来,人类历史上三次重大的社会分工相继出现。

伴随着社会大分工,出现了牧业、农业、工业、商业等职业,随之又形成了体力劳动和脑力劳动的分工,人类社会就这样产生了各种各样的职业。社会分工产生了职业,社会分工的发展决定和制约着职业的发展变化。随着科学技术的进步、生产工具的改进和生产的社会化,社会分工越来越复杂、越来越细,专业化程度越来越高,职业的门类也越来越多。

随着科学技术的进步和生产力的发展,不断有新技术、新工艺、新产品的出现,推动了部门职业的新旧更替或产生新的职业种类。汽车的出现使社会中有了汽车产业、汽车运输业和汽车修理业,并涌现出驾驶员、汽车修理工、汽车工程师等多种职业。

科学技术的发展和进步,也会促使职业种类不断增多,或使原有的职业数量发生变化。一门新科学的出现往往会产生相应的新的专门职业,如环境科学的产生就需要专门的环境科学工作者,就有了诸如环境监测员、污水和废气处理工程师以及相关的专门职业。同时,科学技术的发展也会促使各类专门职业的数量增加,职业结构中职位比例发生变化,甚至亦使其社会地位发生变化。

二、当代职业发展的趋势

进入20世纪,随着我国经济文化、科学的高速发展,我国的产业结构发生了根本的变化。我国科学技术方面在生物技术、以信息技术为主导的高新技术、新材料科学领域、新能源及相应技术开发领域、空间技术、海洋技术与海洋资源开发领域展现出了重大发展潜力。据专家推测,我国未来十年的主导职业包括:会计、计算机、软件设计、环保、健康与保健医药、咨询服务、保险、法律、老年医学、服务、公关与服务、市场营销、生命科学、咨询与社会工作、旅游管理与服务、人力资源等。

当代职业的发展趋势将具有以下四个特点。

(1)职业的专业化(职业分工越来越细、越来越专,社会对职业的专业技术水平要求越来越高)。

(2)职业的智能化(职业活动中,单纯的体力劳动比重减少,脑力劳动比重增加)。

(3)职业的复合性(职业之间相互重叠、交叉,要求从业人员不仅要掌握某种专业技能,还要掌握与此相关的多种通用技能,并具备社会交往能力、团队精神、责任心、组织管理能力等必要的素质)。

(4)职业的创新性(职业活动中,越来越要求从业人员具有一定的创新意识和能力,能根据岗位所面临的新问题,创造性地完成工作)。

21世纪,我国职业发展趋势具有以下五个明显的特点。

(1)由单一基础向跨专业、复合型转化。从我国当前招工、就业的情况分析,职业岗位的要求和劳动方式逐步由简单向复杂方面转化,过去单一技能就能胜任的工作,现在其内涵有很大变化,往往需要相关专业的许多知识和技能,更多地需要跨专业的复合型人才。

(2)由封闭型向开放型转化。随着改革开放的深入,职业岗位工作的范围和面向服务对象越来越广泛,接受信息的渠道也必须加大,人们之间的交往与协作大大加强,要求人们具有开放的观念和心态,彻底摆脱封闭的状态。

(3)由传统工艺型向信息化、智能型转化。传统工艺在科技含量上相对滞后,在技术更新速度方面比较缓慢,生产力发展的关键是增加职业岗位的科技含量,改善劳动组织和生产手段,提高劳动生产率。在知识经济和信息化时代,需要从业者能熟练应用信息管理方法,进行智能化操作。

(4)由继承型向知识创新型转化。知识经济的到来,要求从业人员不断树立创新意识,在自己的职业岗位上进行创造性劳动,具有创新意识的人才才能更好地胜任自己的工作。

(5)第三产业、社会服务业发展壮大。社会生产力的提高,解放了劳动力,人们越来越多地需要社会服务行业为他们排忧解难,提供方便。第三产业劳动人数将迅速增加,信息传播与管理行业、文化教育事业、休闲、娱乐、保健、社区服务业将迅速发展壮大。

高职高专学生在大学学习期间,是一生职业发展的关键时期。大学期间,他们选择了在一个较为宽松、自由的校园环境中,开始了专业知识技能的学习和职业方向的探索。在此期间,大学生的职业发展充满变数,具有很大的选择空间,职业选择的自主性和自由度较大;大学生处于心理发展成熟的关键时期,可塑性和随意性大,他们刚刚开始独立处理学习、生活、人际交往等事务,往往会过于享受生活的自由,实际生活的压力较小,职业发展缺乏明确的目标。因此,要求高职高专学生要及早制订自己的职业发展规划,有目的、有动力、积极地进行职业探索。要学会根据社会的发展,调整个人的职业发展轨迹。要认真把握影响大学生职业发展的因素(教育背景、家庭影响、个人需求与心理动机、机会、社会环境等),找准自己的职业发展道路。

高职高专的学生是未来的技术应用型人才,更应该不断学习,了解未来职业发展的趋势,掌握专业技能,终生接受教育,适应职业的快速变化。

第三节 职业与社会生活

职业是人们在社会中所从事的作为主要物质生活来源的劳动,在个人和社会发展中有着十分重要的作用。人们从事职业活动,获取劳动报酬,用以维持自身的生存和发展;参与社会劳动,创造社会财富,为他人提供服务,承担社会义务;通过职业劳动,在职业劳动岗位上发挥才能,促进个性的健康发展,满足自身的精神需求。

职业的功能是职业活动与职业角色对个人和社会的作用和影响,它体现在个人功能和社会功能上。

一、职业的个人功能

职业是人的一种社会活动与生活方式,是人们获取物质资料、维持生存和发展的重要手段,它对每一个人都有着重要的作用。

(1)职业是人生的主要活动。职业是人们参与社会生活、从事社会活动、进行人生实践的最主要场所。从多个方面决定或影响着个人的特征和境遇,是个人在社会生活中特定角色的体现。

(2)职业是个人物质资料和其他利益的主要来源。个人通过职业活动,获取物质报酬,维持个人及家庭的生存和发展,同时通过职业活动,取得一定的名誉、地位、权力和其他各种便利,获得物质和精神等方面的满足。

(3)职业为个人提供了才能发挥的舞台。个人通过从业活动,充分展示自己的才能,提高自身能力,促进个人的才能和个性发展。

(4)职业是个人贡献社会的主要途径。通过职业活动,人们奉献自己的劳动,为社会创造物质财富和精神财富,提供各种服务,从而奉献社会。

(5)职业影响着人们的生活方式和劳动方式。在职业活动中,逐渐养成人们的消费方式、言谈举止和日常生活方式,形成就业者各不相同的劳动方式,渐渐形成特定的个性心理和行为模式,并将长期对从业者产生影响。

二、职业的社会功能

(1)职业是社会存在的内容。职业不仅是人的社会身份的体现,同时也是人类社会的存在的主要内容,它对社会经济制度和社会经济结构产生突出影响,体现社会经济发展水平,为社会的存在和发展提供物质基础。

(2)职业推动着社会发展进步。职业活动不仅为社会创造物质财富和精神财富,维持人类的生存和发展,而且还通过职业活动发展和完善社会关系,改善各种社会制度,促进个人不断完善发展,成为推动社会发展进步的重要力量。

(3)职业是政府控制社会的重要手段。"安居乐业"是人们的共同愿望,政府通过为公众创造职业岗位,执行各种职业政策,从而减少社会问题,实现各种社会目标,维护社会稳定,进行社会控制。

职业对于大学生,特别是高职高专学生来说,作用非常突出。它不仅是高职高专学生进入大学学习,掌握必要的知识和技能之后的最终目的地,而且是满足个人谋生的需要,为社会作贡献和促进自我完善的重要途径。

 思考题

(1)如何正确看待职业对人生的作用?
(2)面对当代职业的发展,作为高职高专学生的你如何应对?
(3)在社会主义市场经济条件下,如何看待职业和选择职业?

第二章

交通运输业及其发展

各个不同的行业都有自身的发展特点,对从业者的要求也各不相同。交通运输业作为国民经济中一个重要部门,有其独特的发展特点和行业要求。大学生在校学习期间,要认真了解该行业的特点和对从业人员的要求,努力提高自身的职业素质,为将来的就业做好充分准备。

第一节 交通运输业概况

一、交通运输业的产生和特征

交通运输活动是将人或货物从一地送往另一地的劳动过程,是人类社会的基本活动之一,是现代社会经济活动中不可缺少的重要内容。

交通运输业的产生是商品经济发展的必然产物。在商品经济条件下生产出来的产品,只有通过流通领域,依靠运输才能到达消费者手中。随着商品经济的发展,商品交换的范围和规模越来越大,商品流通的时间越来越短,客观上要求运输劳动从生产中分离出来,实现运输的专门化和专业化。

交通运输成为独立的生产部门，经历了一个漫长的过程。交通运输业的发展，经过了手工业生产阶段、工场手工业阶段和机器生产阶段。特别是机械运输业的出现，对经济发展产生了更重大的影响。运输业进入机械运输时代以来，以四种不同运输方式为代表，分为四个不同发展时期：18世纪中叶到19世纪初的以水路运输为主的时期，19世纪30年代到20世纪30年代的以铁路运输为主的时期，20世纪30年代到20世纪50年代的管道、公路、航空运输大发展时期，20世纪50年代以来的综合运输体系建立和发展时期。

　　从交通运输业的产生和发展来看，交通运输业是随着人类社会的发展而产生的，它是一个国家经济活动中的重要部门，是国民经济的基础产业和先导产业，已经渗透到人类社会生活的各个方面，成为最受社会关注的社会经济活动。

　　交通运输业是指国民经济中从事运送货物和旅客的社会生产部门，是从事运送经济活动的所有企业或单位的集合，其业务活动是使用运输工具或人力、畜力将货物或旅客送达目的地。

　　交通运输业包括铁路运输业、公路运输业、城市公共交通、水上运输业、航空运输业、装卸搬运和其他运输服务业，同时还包括为交通运输提供基础设施建设和管理、服务的所有国民经济部门。现代交通运输包括铁路、公路、水路、航空和管道五种基本运输方式。

　　交通运输业在国民经济中是一个综合性的部门，具有生产特性、服务特性和基础设施特性。交通运输业的生产特性指运输是生产过程在流通过程中的继续，属于物质生产领域；通过运输改变商品的使用价值状态，完成消费的准备；所生产的产品是空间、位置的变动。交通运输业的服务特性指交通运输业通过运输服务直接去满足人们的某种需求，是使用价值和价值的统一物；是在运输过程中，运输业劳动者付出的劳动、形成运输服务产品的过程，为需求者消费提供便利。交通运输业的基础设施特性指在国民经济发展中，交通运输基础设施具有先行性，任何国家和地区的经济发展都是以安全、高效的运输为前提。交通运输业的基础设施具有社会公益性，是通过基础设施和服务来满足社会需求的。

交通运输业相对于其他行业和部门来说，具有明显的特征：运输业是一个不产生新的实物形态产品的物质生产部门。运输业提供的是运输服务，它对劳动对象只有生产运输权，不具有所有权，其劳动对象是旅客和货物。运输产品是运输对象的空间位移，不改变劳动对象的属性或形态，只改变它的空间位置，所以，运输业提供的只是一种运输服务。交通运输的生产过程是社会生产过程在流通领域内的继续，在运输过程中同时进行生产过程和消费过程。交通运输业具有网络型产业特征。同时，交通运输业的资本有机构成比一般产业要高，固定资产所占比重巨大，资本周转速度相对较慢，其运输线路的修建、运河的开凿、航道的疏浚、机场的建设、港口的修建、码头的建造无不需要巨额投资，而投资的资本回收期较长。

二、交通运输业的作用

交通运输业是国民经济的重点战略产业，是国民经济的重要基础设施，是制约经济和社会发展的一个重要因素，在国民经济发展和社会进步中作用显著。

1. 经济作用

交通运输业促进了资源的利用和开发，能满足社会生产对资源的开发利用；交通运输业不仅能制造出明显的空间效用，而且还具有明显的时间效用，成为市场开发和发展的一个重要因素；交通运输业通过运输费用的降低、运输效率的提高，进而降低商品价格、鼓励市场竞争；运输业的发展促进了生产劳动的地方分工，减少了商品生产者与商品购买者在收集信息、管理方面的成本，进而减少了市场交易费用，促进了市场专业化的发展；同时，交通运输业为要完成国家下达的客货运输任务，根据市场商品的需求调节各自的运输，从而创造可观的经济价值。

2. 社会作用

交通运输业缩短了人和货物在时间和空间上的距离，使不同国家和地区之间的接触和交往不断增强，并通过接触、沟通，增进了相互间的了解,强化了相互间的各种社会联系,逐渐结为一体;交通运输业的发展,对国家的统一、人类文明的进步、经济文化的交流以及国防力量的增强,都发挥着重要的作用;交通运输业的发展有效地支撑着国家的统一和有效的管理,促进人类文明的进步和国民素质的提高,促进了国际的友好交往和经济文化交流,推动了世界经济全球化和经济生活国际化的实现过程。

3. 社会公益作用

现代化的交通运输业,不分昼夜、季节,全天候地从事正常运输,与国家社会生活、经济、政治休戚相关;在非常时期,发生如地震、洪水、大火、海啸等灾害时或在战争时期,国家财产受到威胁,交通工具都会用来抢救危亡,对恢复社会正常秩序起着非常突出的超经济的社会公益作用。

4. 宏观调控作用

交通运输业以交通要道为依托,充分发挥铁路、公路、水路、航空、管道等各种运输方式的优势,推动经济向中心城市外的中小城市和地区辐射,促进国家经济合理布局、协调发展;依靠若干条通过能力强的南北向、东西向的运输大通道,引导形成若干跨地区的经济区域和重点产业优化生产力布局,优化资源配置,减少重复浪费;特别是当国民经济失调而需要调整或治理整顿时,交通运输业作为国家宏观调控工具的作用显得更为突出。

5. 国防意义

交通运输是国防的后备力量,战时又是必要的军事手段。运输业关系到民族存亡、国家安危。交通运输业的发展壮大是国防力量增强的重要保障。

第二节 交通运输业的发展

一、我国交通运输业的发展概况

自1872年清政府创建招商局,到建国前的70多年,我国交通运输业发展极为缓慢,运输装备破旧,畜力车和木帆船等民间运输工具大量使用,运输布局很不合理,内地普遍处于十分闭塞的状态。建国以来,我国交通运输业的规模、质量、技术装备水平发生了翻天覆地的变化,取得了辉煌的成就。特别是改革开放以来,交通运输业的发展更是高速、全面,使我国交通运输业基本适应了国民经济和社会发展的需要,取得了显著的成效。

建国初期,国家迅速恢复了被破坏的运输线路,恢复了水陆空运输,从1953年起,开始有计划地进行交通运输建设,交通运输业有了很大的发展,逐步形成了铁路、公路、水路、民用航空和管道运输五种运输方式共同组成的综合交通运输网。

截至2004年年底,我国交通运输网布局大为改观,铁路、公路分布趋于均衡,已基本形成以北京为中心的全国铁路网,公路也实现了跨越式发展,不仅实现了县县通,而且全国98.7%的乡镇和87.7%的行政村都通了公路;交通运输网质量显著提高,电气化铁路、高速公路、高速铁路飞速发展,高速公路通车里程跃居世界第七位。

随着时间的推移,我国交通运输业技术装备水平明显改善,运量稳步增长,运输结构逐步改善,交通运输业体制改革取得长足进步。目前,除部分铁路干线和民航热点航线以外,交通运输的紧张状况明显缓解,基本能满足运输的需要。交通运输也从过去的封闭和垄断走向开放和竞争,运输方式之间、运输方式内部的竞争局面开始形成,乘客和货主对运输方式和运输工具有了更大的选择余地,竞争也使运输服务质量有了明显提高。

目前,我国交通运输业的发展取得了明显成效,但因长期以来交通运输滞后于国民经济发展,欠账过多,运输市场仍满足不了经济建设和社会主义市场经济发展的需要,不仅与发达国家差距甚大,与许多发展中国家相比,仍有一定差距,主要表现在运输组织管理水平不高,运输企业经营十分困难,运输设施和设备仍然满足不了国民经济高速发展的需要。所以,我们需要在现在基础上,进一步加大加快交通运输业的发展,进而适应国民经济高速发展的需要。

二、我国公路发展历程和总体战略

1949年,全国公路通车里程仅为8.07万千米,公路密度仅为0.8千米/百平方千米。建国初期,公路交通经历一段时期的恢复后,开始获得长足发展,1952年,公路里程达到12.67万千米。20世纪50年代中后期,为适应经济发展和开发边疆的需要,我国开始大规模建设通往边疆和山区的公路,相继建设了川藏公路、青藏公路,并在东南沿海、东北和西南地区修建了国防公路,公路里程迅速增长,1959年已达到50多万千米。

20世纪60年代,我国在继续大力兴建公路的同时,加强了公路技术的改造,有路面里程及其高级、次高级路面比重显著增加。20世纪70年代,我国开始对青藏公路进行技术改造,80年代全面完成,建成世界上海拔最高的沥青路面公路。

随着公路事业的发展,公路桥梁建设也得到发展,建成了一批具有中国特色的石拱桥、双曲拱桥、钢筋混凝土拱桥以及各式混凝土和预应力式桥梁。到1978年底,公路里程已达到89万千米,平均每年增加约3万千米,公路密度达到9.3千米/百平方千米。

改革开放以来,国民经济持续高速发展,公路运输需求强劲增长,公路基础设施建设开始发生了历史性转变,公路建设得到了中央和地方各级政府的重视。"要想富,先修路",公路建设的重要性逐步为全社会所认识,在统一规划的基础上,我国开始有计划的全国公路基础设施建设。20世纪80年代,我国先后制订并实施国家干线公路网和国道主干线系统规划,公路建设有了总体目标和阶段目标,公路建设总体规模不断扩大,质量水平不断提高,高速公路和其他高等级公路迅速发展,改变了我国公路事业的落后面貌。

特别值得一提的是,我国高速公路的建设发展迅速。1988年,我国第一条高速公路——沪嘉高速公路(18.5千米)建成通车。此后,又相继建成全长375千米的沈大高速公路和143千米的京津塘高速公路。进入20世纪90年代,在国道主干线总体规划指导下,我国高速公路建设步伐加快,每年建成的高速公路由几十千米上升到一千千米以上。到1999年底,全国高速公路通车里程已达11605千米,短短10年间,我国高速公路就走过了发达国家高速公路一般需要40年完成的发展历程。高速公路及其他高等级公路的建设,改善了我国公路的技术等级结构,改变了我国公路事业的落后面貌,缩短了我国同发达国家之间的差距,同时推动了公路桥梁、隧道数量的增加和技术水平的提高。另外,我国先后在主要江河和一些海峡建设了一批深水基础、大跨径、施工难度很高的桥梁,如黄石长江大桥(我国自行设计和建设的第一座跨长江特大型桥梁)、万县长江大桥、铜陵长江大桥、江阴长江大桥(跨径列中国第一、世界第四的钢悬索桥)、广东虎门大桥、厦门海沧大桥等。这些工程标志着我国深水基础、大跨径桥梁建设已进入世界先进行列。到1999年底,我国公路桥梁已达到23万座,总延长8006千米;隧道1257座,总延长407千米。我国公路隧道建设在几乎空白的基础上有了长足的发展。继1986年我国第一座设施先进的现代化大型公路隧道——鼓山洞隧道,在福州—马尾一级公路上组成后,又相继建设了中梁山、缙云山、六盘山、八达岭等一批具有现代化水平的大型公路隧道。

我国公路建设已取得了巨大成就,对国民经济的发展和社会进步产生了积极的影响和促进。当前,我国公路交通正处于扩大规模、提高质量的快速发展时期。由于基础薄弱,我国公路建设总体上还不能适应国民经济和社会发展的需要。与发达国家的先进水平相比还有较大差距。从公路技术等级看,我国公路总里程中还有近20万千米等外公路,等外公路占公路总里程的比重达到14.4%,其中西部地区更是高达21.8%,技术等级构成仍不理想;由于经济发展不平衡和人口分布的不平衡,公路发展在各地区之间存在着较大的差距,东部地区公路密度较大,高等级公路比重也较高,明显高于全国平均水平,更高于中、西部地区水平。

因此,为逐步实现我国交通现代化的总体战略目标,按照道路使用功能和交通需求,重点提高经济较发达地区的公路技术等级,根据国家西部大开发战略,大力扶持西部地区公路基础设施建设,是当前我国公路交通发展的战略重点。

三、湖北交通运输业的发展

1. 湖北交通发展状况

进入21世纪以来,湖北交通部门抓住战略机遇,以科学发展观为指导,落实宏观调控措施,推动交通事业的发展,为全省国民经济和社会发展作出了积极贡献。

截至2004年底,全省公路通车里程达到89672千米,其中高速公路1353千米,一级公路973千米,有路面里程13558千米,公路密度达到每百平方千米48.24千米,全省列养公路83127千米,100%的乡镇和93.8%的行政村已通公路,已初步形成由高速公路、国省干线公路、农村公路组成的通达全省、快捷便利的公路运输网。

全省共有通航河流194条,通航里程8988千米(含省境内长江里程1038千米),其中一级航道269千米、二级航道769千米。全省共有船闸35座(不含长江葛洲坝、三峡船闸),港口51个、泊位2280个、码头岸线总长131174米,年综合通过能力货运16111万吨、客运4743万人次,有三个主枢纽港:武汉、宜昌、襄樊。全省共有公路客运站449个,其中一级站11个、二级站83个,已建成的比较规范经营的货运站34个。全省港航站场建设速度明显加快,效果显著。

截至2010年12月,全省五条高速公路和两座长江大桥相继建成,全省新增高速公路390千米,总里程达到3676千米,由全国第八位升至第六位;"四纵四横一环"高速公路骨架网基本形成。"十一五"期间,全省公路水路交通固定资产投资突破1900亿元,新增高速公路2000千米,建设一二级公路突破6000千米,新增通村沥青、水泥路面10万千米,新增集装箱吞吐能力突破160万标箱。

湖北省依托逐步建成的高速公路和长江水道,大力调整运输结构,整顿运输市场,开拓新型运输方式,发展高速客运、快速货运、水陆联运,推动运输业发展,水陆运输总量大幅增长,以武汉为枢纽的高速客运网络已基本形成,省内有10个市已实现4小时到达,上海、南京、重庆、郑州等大城市实现了夕发朝至,农村客运有了很大发展。

2. 湖北交通发展展望

湖北交通具有承东启西、连南接北的独特优势,作为全国经济大发展和交通网络格局中的交通枢纽,其交通运输业的发展备受关注。因此,在21世纪前20年中,要进一步解放思想、拓展思路,抢抓机遇、加快发展。现在是湖北省交通发展环境最优、社会积极性最高、筹资势头最强势的阶段,要大力加强交通基础设施建设,全面推进湖北交通发展。

湖北省已评审通过了《湖北省公路水运交通发展战略规划》等4个规划。明确指出未来10年湖北交通发展的战略目标:到2020年全省公路水运交通与经济社会发展的关系由"总体适应"向"全面适应"跨越,全省基本实现公路水路交通运输现代化。不久的未来,湖北将成为中西部交通强省之一。

公路方面目标:湖北省骨架公路网规划总里程为7300千米,其中高速公路4800千米,一二级公路2500千米,主要由六条南北纵线、五条东西横线、一条环线组成,简称"651",到2020年湖北公路骨架网全面建成,高速公路约500千米,二级公路达到3.9万千米,通乡通村公路路面全面达到硬化标准。

水路方面目标:主要建设"三主一江一网"的航道体系,"三主"为长江、汉江、两沙运河3条全国水运主通道,"一江"为清江,"一网"为江汉平原五级以上骨干航道网。港口方面,一是加快建设武汉港、宜昌港、黄石港、荆州港、襄樊港5个主要港口,并将武汉港建成华中地区和长江流域的物流中心和长江中游航运中心;二是加快建设长江干线和汉江的18个重要港口;三是加快建设28个一般港口。

在新形势下,湖北交通行业将准确把握科学发展这个主题,坚持经济发展方式转变这条主线、经济结构调整这个主攻方向,抓住和用好重要战略机遇期,加大力度、加快步伐,推动湖北交通科学发展。

目前,全省交通系统超前谋划、提前运作,一大批公路水路交通建设项目相继开工,全省相继有8条高速公路宣布开工,总里程541.39千米,概算总投资352.196亿元;12个港航建设项目提前开工,总投资达30.33亿元,建成后,将新增港口年吞吐能力1579万吨,新增集装箱年吞吐能力18万标箱,新增高等级航道里程134千米。

湖北省交通厅以优化武汉城市文化圈、合理规划高速公路布局为重点,将2020年全省高速公路规划总里程为5000千米调整到6000千米左右,新增近1000千米,省交通厅根据城市文化圈建设需要,拟建设一条环形高速公路将圈内孝感、仙桃、天门、咸宁等7个城市串起,还将襄樊等城市的外环高速公路等地方区域高速公路列入规划,并在湖北西北增加一纵(保康至宜昌高速公路),湖北省公路水路建设又将进入一个高速全面发展的黄金时期。

第三节 交通运输业代表性行业职业道德

一、职业道德和职业道德修养

职业道德是从事一定职业的人们在职业活动中应该遵循的,依靠社会舆论、传统习惯和内心信念来维持的职业行为规范的总和。它可以调节从业人员与服务对象、从业人员之间、从业人员与职业之间的关系。它是职业或行业范围内的特殊要求,是社会道德在职业领域的具体体现。

职业道德是大学毕业生步入职业生涯的必修课。良好的职业道德素质是职业人取得职业成功的重要前提,它决定了个人的职业生涯是否顺利及发展程度如何。只有具有良好的职业道德素质,才能产生强烈的职业情感、忠诚于自己的本职工作,从而激发出完成职业责任所需要的不竭动力;在追求职业目标的过程中,才能以对事业炽热追求的精神,面对现实,战胜困难,达到成功的彼岸。大学毕业生在即将踏入职业道路的学习过程中,只有自觉认真地学好职业道德这一门必修课,才能使自己在人生的重要转折路口,调整好心态,做好思想和心理的准备,为自己的职业生涯成功预备良好的开端。

良好的职业道德素质是大学毕业生职业生活的成功之道。一个人职业生涯是否顺利,能否胜任工作和发挥应有的作用,不仅取决于其专业知识和技能的掌握,更受其职业道德素质及对待工作的态度和责任心的影响。有良好职业道德素质的人,往往诚实守信、待人宽厚、严于律己、善于与人合作、乐于吃亏,人缘好、人际关系融洽,因而其社会需求能得到很好的满足,社会交往层次不断提高,个人发展的空间得到拓展;而职业道德素质低的人则工作马马虎虎,利益上患得患失,为人处世斤斤计较,缺乏协作意识,待人缺乏诚信,要想在职业生涯中取得成功,就显得异常困难。因此,可以说,谁丧失了职业道德,谁就会失去人心、失去社会的支持、失去发展壮大的机会。

因此,在职业生活中,职业道德起着非常重要的作用,大学生要不断提高自己的职业道德素养,满足社会对个人的要求,为自己的成长发展创造条件。

职业道德是从业人员在职业活动中的行为准则,一定社会的共同理想、共同价值观念,对所有职业者有着共同的要求,使一定社会的从业人员都必须具有基本的职业道德要求。

1. 敬业

所谓敬业,就是用一种恭敬严肃的态度对待自己的职业。这是弘扬职业道德的前提和核心。只有敬业,才能爱岗,才能忠于职守、乐于奉献。敬业要求从业人员真正认识到自己工作的意义,从而以勤勤恳恳、认真负责的态度对待自己的职业。要达到敬业,需要从业者有献身事业的思想意识,把自己的才华、能力乃至生命投入到事业当中,认认真真、毫不马虎,以从事本职工作为快乐;要培养干一行、爱一行的精神,认认真真"钻一行",干出成绩、干出效益;要把敬业贯穿于工作的每一天,兢兢业业干好每一天。

2. 诚信

诚就是真实、不欺骗。信就是遵守约定,践行承诺。要求从业者要尊重实情、有诺必践、言行一致,从而赢得信任。诚信是做人之本,每个职业人要对国家、企业、家庭、朋友真诚,以真诚来提高自身竞争力,以真诚来对待职业和工作,诚信是职业人士事业大厦的基石,只有坚持诚信,事业才能成功。其基本要求是:实事求是、言行一致、诚实劳动、信守承诺。它是个人在文明社会的通行证,只有坚守诚信才能生存和发展,才能确立良好的发展环境,获得各方面的支持和帮助。

3. 公道

办事公道是职业道德的基本规范。它要求人们在处理问题时,要不偏不倚,不袒护其中一方的利益而损害另一方的利益。公道一直是几千年来为人所称道的职业道德规范,是正确处理人们的权利和义务、报酬与贡献、奖惩与功过之间关系的正确方法。其基本要求是:办事客观公正,待人诚恳公平;遵纪守法、坚持原则;廉洁奉公、不徇私情;严格按规章制度办事,遵守职业制度和职业纪律。

4. 服务

服务群众要求从业者不管从事何种职业,身处什么岗位或地位,都要为人民群众竭诚服务。其基本要求是:从业者在从事职业活动时应文明服务、谈吐文雅、举止大方、礼貌待人,对人极端热忱,自觉抵制不正之风,服务热情周到,讲究服务质量。其主要内容有:树立全心全意为人民服务的思想,热爱本职工作,甘当人民的勤务员;文明待客,对群众热情和蔼,服务周到,说话和气;急群众之所急,想群众之所想,帮群众之所需;廉洁奉公,不利用职务之便牟取私利,坚决抵制托关系走后门之风;对群众一视同仁,不以貌取人。不论年龄大小、职位高低，都以同样的态度热情服务；自觉接受群众监督，欢迎群众批评，有错就改，不包庇，不断提高服务水平。

5. 奉献

奉献社会是要求从业者把自己的全部智慧和力量投入到为社会、集体、他人的服务之中。其突出特征是：自觉自愿地为他人、为社会贡献力量；有热心为社会服务的责任感，充分发挥主动性、创造性，竭尽全力，贡献社会，不计报酬。遵守奉献社会的职业道德规范，要求从业者要正确认识和处理从业者自身利益和社会利益的关系、经济效益与社会效益的关系，把行为的动机、效果统一起来，自觉为社会作贡献。

大学生要充分认识职业道德基本规范的含义和意义，在校学习期间，通过努力学习、积极反躬自省、投身实践、力求慎独，通过职业道德意识的提高和道德实践行为的践行，提高自身的职业道德修养，为自己将来的职业生活成功创造条件。

二、交通运输业代表性行业的职业道德

交通运输业是国民经济的一个重要部门，在国民经济发展和社会进步方面起着非常重要的作用。交通运输业涉及范围广，从业者职业种类多，职业活动各有特点，要求所有从业人员从各自的职业活动出发，本着服务群众、奉献社会的宗旨，严格遵守职业道德规范，兢兢业业地从事职业活动，充分发挥交通运输业在国民经济中的基础产业和先导行业的作用，推动交通运输业的发展。

交通运输业从业人员不仅要严格遵守职业道德基本规范，还要根据本行业的实际情况，严格遵守行业职业道德规范。

下面列举交通运输业部分行业从业人员特殊的职业道德规范。

（一）工程施工人员的岗位职责和职业道德规范

1. 工程施工员岗位职责

（1）学习、贯彻执行国家和建设行政管理部门颁发的建设法

律、规范、规程、技术标准；熟悉基本建设程序、施工程序和施工规律，并在实际工作中具体运用。

(2)熟悉建设工程结构特征与关键部位，掌握施工现场的周围环境、社会(含拆迁等)和经济技术条件；负责本工程的定位、放线、抄平、沉降观测记录等。

(3)熟悉审查图纸及有关资料，参与图纸会审；参与施工预算编制；编制月度施工作业计划及资源计划。

(4)严格执行工艺标准、验收和质量验评标准，以及各种专业技术操作规程，制订质量、安全等方面的措施，严格按照图纸、技术标准、施工组织设计进行施工，经常进行督促检查；参加质量检验评定；参加质量事故调查。

(5)做好施工任务的下达和技术交底工作，并进行施工中的指导、检查与验收。

(6)做好现场材料的验收签证和管理；做好隐蔽工程验收和工程量签证。

(7)参加施工中的竣工验收工作，协助预决算员搞好工程决算。

(8)及时准确地收集并整理施工生产过程、技术活动、材料使用、劳力调配、资金周转、经济活动分析的原始记录、台账和统计报表，记好施工日记。

(9)绘制竣工图，组织单位工程竣工质量预检，负责整理好全部技术档案。

(10)参与竣工后的回访活动，对需返修、检修的项目，尽快组织人员落实。

(11)完成项目经理交办的其他任务。

2. 工程施工员职业道德规范

施工员是施工现场重要的工程技术人员，其自身素质对工程项目的质量、成本、进度有很大影响。因此，要求施工员应具有良好的职业道德。

(1)热爱施工员本职工作，爱岗敬业，工作认真，一丝不苟，团结合作。

(2) 遵纪守法,模范地遵守建设职业道德规范。

(3) 维护国家的荣誉和利益。

(4) 执行有关工程建设的法律、法规、标准、规程和制度。

(5) 努力学习专业技术知识,不断提高业务能力和水平。

(6) 认真负责地履行自己的义务和职责,保证工程质量。

(二) 工程监理工作守则和职业道德规范

1. 监理人员工作守则

(1) 维护国家的荣誉和利益,按照"守法、诚信、公正、科学"的准则执业。

(2) 执行有关工程建设的法律、法规、规范、标准和制度、履行监理合同规定的义务和职责。

(3) 努力学习专业技术和建设监理知识,不断提高业务能力和监理水平。

(4) 不以个人名誉承揽监理业务。

(5) 不同时在两个或两个以上监理单位注册和从事监理活动,不在政府部门和施工、材料设备的生产供应等单位兼职。

(6) 不为所监理项目指定承建商、建筑构配件、设备、材料和施工方法。

(7) 不收受被监理单位的任何礼金。

(8) 不泄露所监理工程各方认为需要保密的事项。

(9) 坚持独立自主的开展工作。

2. 监理人员的职业道德规范

监理工程师在施工监理过程中,应本着"严格监理、热情服务、秉公办事、一丝不苟、廉洁自律"的监理原则遵守以下职业准则。

(1) 坚持公开、公正、公平、诚信的原则,不损害国家和集体利益,不违反工程建设管理规章制度。尽职尽责、兢兢业业地执行监理工作。

(2)建立健全廉政制度,开展廉政教育,设立廉政告示牌,监督并认真查处违法违纪行为。

(3)不接受任何其他商业性委托,不泄露工程和业主的秘密,忠实履行职责,对业主负责。不在同一项目中既做监理又做承包人的商业咨询,不泄露技术情报,不接受任何回扣、提成或其他间接报酬。不得接受承包人的请客送礼,不得介绍施工队、民工在本工程中分包或转包,不做有损业主利益和影响公正的事情。

(4)当其认为正确的判断和建议被业主否决时,应向业主说明可能产生的后果。

(5)当认为业主的意见或判断不可能成功时,应向业主提出劝告。

(6)当证明监理的判断是错误时,要勇于承认错误,及时更正错误。

(7)当监理工作涉及业主和承包人双方合法利益时,应按照合同规定,在授权范围内实事求是地进行处理。

(三)汽车维修从业人员职业道德规范

汽车维修从业人员职业道德规范为:热爱汽车维修、忠于职守、依法管理、团结协作、接受监督、廉洁奉公。它涵盖了对汽车维修从业人员政治素质、法律素质、思想作风、外部形象的基本要求。

1. 热爱汽车维修

热爱汽车维修是汽车维修从业人员道德理想、道德情感、道德义务的综合反映和集中体现。其主要内容有以下四个方面。

(1)爱岗敬业。主要表现为严守岗位、尽心尽责、注重务实、服务行业。

(2)乐于奉献。乐于奉献指以本业为荣,以本职为乐,积极为汽车维修行业发展,为整个道路运输业发展服务,在汽车维修工作岗位上发扬忘我的工作精神。主要表现为:具备较强的职业意识,即正确处理责任、权力、利益三者之间的关系,不能只讲索取,不讲奉献;具备较强的勤业意识,表现为认真负责,开拓进取,这是实现职业价值的基本保证;具备较强的奉献意识,在职业活动中不计名利、勇于吃苦、任劳任怨、说老实话、办老实事、做老实人、吃苦在前、享受在后,迎着困难上,用"毫不利己,专门利人"的精神,在奉献中充分体现人生的价值。

(3)钻研业务。钻研业务指为事业刻苦学习、勇于钻研,努力提高本职工作能力和水平,这也是一种爱岗敬业的具体表现。钻研业务有三方面具体要求:一是认真学习技术,提高工作技能。汽车技术发展很快,对维修工艺技术工作的要求越来越高,要做好汽车维修工作,尤其要能够适应汽车不解体检测的发展,一定要认真学习汽车电子控制等新技术,学习质量检验技术的有关理论,勇于实践,不断培养提高自己的工作技能,这是完成职业使命的基本条件;二是认真学习管理业务知识,努力提高管理工作业务素质,努力尽好自己的管理责任,实现岗位的价值;三是要拓宽知识层面,由于汽车维修的市场化,给技术管理工作增加了复杂性,如汽车配件的市场情况,严重影响着汽车维修质量管理工作等,这就要求每位汽车维修从业人员必须不断扩大自己的知识面,如掌握常见汽车配件、材料的质量鉴别技术等,以提高综合分析、解决问题的能力。

(4)艰苦奋斗。保持艰苦奋斗的光荣传统和创业精神,反对追求豪华、奢侈浪费的不良风气,坚持顽强拼搏、奋发向上,这是社会主义现代化建设的需要,是新时期创业实践的需要,是中国国情的需要。那种借经营业务往来需要,大吃大喝、肆意挥霍国家或企业资金的做法,属不良道德风尚,应该杜绝。

2. 忠于职守

忠于职守是每一位汽车维修从业人员尤其是具有一定职权的管理人员必须履行的法定义务,也是汽车维修从业人员基本的职业责任。能否做到忠于职守、尽职尽责、勤奋工作、严格把关、不弄虚作假,是衡量每一位汽车维修从业人员职业道德水平的重要标志。忠于职守主要表现为以下几点。

(1)严格把关。严格按照汽车维修各项工艺技术标准,进行汽车维修工作,按章管理,严格把关,自觉维护各项技术工艺标准的严肃性,保证汽车维修质量的有效管理。

(2)遵守行规、行约。行规、行约是行业活动中的行为准则,是确保行业风气好转的有效措施。只有做到对行业负责,才能做到对法律负责,对国家负责,对人民负责。

(3)尽职尽责、敢于管理。应努力培养自己的工作责任感,敢于依法管理,敢于负责任,敢于承担风险。把严格管理建立在热爱本职工作的情感基础上,不怕困难,不回避矛盾,不怕打击报复,坚持原则,任劳任怨,以对党和国家、对行业对人民高度负责的精神,恪尽职守,保证汽车维修质量和服务水平。

3. 依法管理

依法管理是实现汽车维修质量管理最重要的指导思想和基本原则,是规范所有汽车维修行业管理活动的一系列原则中处于核心地位的法制原则,是各级维修从业人员必须遵循的行业准则。

依法管理主要表现在以下三方面。

(1)以法律为准绳,即汽车维修质量管理必须严格按有关工艺技术标准规定的执行。

(2)严守管理程序,即按管理要求的规定,各负其责,出现质量纠纷,按规定的管理程序处理,使汽车维修质量管理工作规范化、程序化。

(3)裁量公正,即汽车维修质量检验结论要力求公正、准确、合理、适当,以最大限度地维护管理的尊严和保护公民合法权益。汽车维修质量检验员应具有一定的管理职权,在良好的道德约束下,坚持办事公道、公正,才能真正依法管理。那种凭感情用事或拿权利做交易(如出卖假合格证)的做法是严重的不道德行为。

4. 团结协作

团结协作的含义是坚持集体主义原则,以平等友爱、相互合作、共同发展的精神处理好内外团结,正确处理国家、集体和个人三者的关系,自觉服务于改革发展和稳定的大局。例如,在维修竣工检测后,对发现的汽车维修质量问题,检验员应该积极帮助一线生产人员努力解决影响维修质量的各种问题,以争取得到群众对严格管理的理解和支持,确保质量管理工作顺利进行。

5. 自觉接受监督

自觉接受监督的含义是汽车维修从业人员必须依照法律、规章的有关规定,无条件地接受和服从国家权力机关、上级行政机关等对汽车维修工作的监督和检查。接受监督的主要内容有以下几个方面。

(1)办事公开。办事公开是指标准公开、程序公开、权利义务公开、处理结果公开。办事公开是坚持民主政治的具体表现,是接受监督的重要前提,也是汽车维修从业人员职业道德的重要要求。

(2)欢迎批评。欢迎批评是指认真接受社会监督,虚心听取来自托修方上级管理机构和本企业领导和群众对本人工作的批评、意见和建议,不断改善工作,努力提高管理水平。

(3)服从检查。服从检查是指对上级政府主管部门对汽车维修质量进行的抽查,应无条件服从。如出具出厂合格证,必须提供检验记录;经质量检验合格出厂的汽车,政府主管部门有权进行检验质量抽查,应该自觉按要求送检,并积极配合质量检测站工作,服从检测结论。

(4)有错必纠。有错必纠是指勇于纠正汽车维修工作中的缺点错误,认真纠正不当或违规行为,保护管理相对人的合法权益。

6. 廉洁奉公

廉洁奉公的含义是指汽车维修从业人员要坚决执行党中央、国务院关于严格自律、廉洁从政的各项要求,加强个人道德修养,树立正确的世界观、人生观、价值观,努力做到清正廉明、反腐拒贿、不谋私利、一心为公。"公正廉洁、克己奉公"是每一位汽车维修从业人员必须履行的法定义务。廉洁奉公的主要内容有以下几点。

(1)清正廉明。清正廉明是指汽车维修从业人员应严格执行党和国家有关廉政建设的规定,努力做到自重、自省、自警、自励,勤政廉洁,严格自律。清正廉洁是对权力道德观念的高度概括,是汽车维修从业人员最基本的道德准则之一。

（2）反腐拒贿。反腐拒贿是指"拒腐蚀,永不沾"的精神,反对拜金主义、享乐主义,杜绝权钱交易,自觉抵制剥削腐朽思想和生活方式的侵蚀。

（3）不谋私利。不谋私利是指不利用职务上的权力和便利谋取个人私利,自觉做到不以权谋私、不假公济私、不损公肥私、不徇私枉法。划清正当的个人利益与自私自利的界限,树立自我约束的权力意识,从思想上铲除以权谋私的根源。这方面稍不注意就会失控。例如,质量检验员利用外出试车的机会,甚至因为掌握着送修车的钥匙,总想开出去兜兜风或方便干点儿私事。这种行为不仅反映出检验员的道德水准不高,有时还会因私自开车出去造成车祸,严重损害企业信誉。

（4）一心为公。一心为公是指汽车维修从业人员要自觉树立公而忘私、大公无私的共产主义精神。这种精神是高层次的道德要求,共产党员和先进分子应该具备。汽车维修质量检验人员作为汽车维修质量把关的企业代表,也应注重培养和树立这种精神。一心为公,在汽车维修从业人员职业道德基本规范中具有非常重要的地位,是全面践行汽车维修行业职业道德的落脚点。

（四）物流管理专业从业人员应具备的素质

物流是个诱人的新兴产业,不仅加速社会经济发展,促进人们生活质量的提高,而且就业的潜力巨大,前景广阔,要在物流一线求得一职,发展成才,关键是要了解物流业态,具备基本素质,经得起方方面面的考验。

1. 接受环境挑战的意识

物流作为一种产业,是由无数个与货物打交道的企业所构成的。物流一线操作涉及的内容一般包括原材料和产品的储存、装卸、包装、运输、配送。物流操作现场大多在城市边缘的车站、机场、港口、码头附近,少有现代都市的生活气息和繁华;车队、库房大多比较简陋,不少是露天堆场。作业时,蚊叮虫咬、风吹雨打、夏天太阳晒、冬天寒风刮是常有的事,与大都市写字楼的工作条件相差甚远。简陋的条件和环境,是横在城镇就业者面前一道难以迈过的坎儿。到物流一线就业首先就要战胜自我,从想象的那种坐在计算机前打打单证、坐在会客厅里洽谈业务的境界中摆脱出来,面对现实,勇敢地接受条件和环境的挑战,克服困难,脚踏实地,经受住艰苦环境的考验。

2. 作业风险防范意识

物流一线作业,就是接受客户、货主的委托,通过储存、装卸、包装、运输、配送等环节的操作,实现对客户、货主的承诺。客户、货主委托作业的商品都是有价值的实物,有的还十分昂贵,一铲一托、一包一箱就是成千上万的价值。物流作业现场不测因素多,极易发生差错、质变、溢缺、破损、丢失等事故,无论发生何种事故,低廉的赔偿费用是远远抵偿不了巨大的经济和信誉损失。物流作业绝不是有些人认为的收收发发、搬搬运运的简单劳动,而是一种风险大,关系到客户、货主、企业、个人切身利益的业态。走上物流一线作业岗位,必须熟悉商品,严格遵守操作规则,坚守岗位,精力集中,尽心尽责,杜绝差错和各类事故的发生。

3. 吃苦耐劳的精神

"入世"以来,国际竞争国内化、国内竞争国际化的趋势越来越明显,市场需求日益朝着多品种、少批次、周期短、流速快的方向发展。客户、货主对物流服务的要求也趋向于高质量、快节奏。从这一意义上讲,速度就是优势。因此,许多物流一线的理货员既当收货员,又当发货员,同时又是统计员;车连轴转,长途运输驾驶员常常顾不上吃饭睡觉,大家都在抢时间、争速度。与传统仓库、车队的"朝南坐"、慢节奏相比,劳动强度、苦累程度不可同日而语。由此可见,有无吃苦耐劳的精神,是物流一线员工能否胜任本职的关键。

4. 自我保护意识

物流一线作业员工每天同装卸设备、运输车辆和货物打交道,极易发生翻车、货垛倒塌、机具碰撞、火灾、中毒等事故,轻则致人伤残,重则人命关天。作为企业要把一线员工的人身安全放在高于一切的位置,采取切实可行的防范措施,同时要为其购买人身、设备和货物保险。作为一线操作员工,既不能人人自危、临场胆怯,更不能掉以轻心、盲目乱干。只要心中时刻想着安全,处处小心防范,严格遵守规章制度和操作规程,各类事故都是可以避免的,人身安全就有了保证。

5. 保持平常心和宽容心

在物流市场,客户、货主是上帝,他们在业务外包和服务价格上握有主导权,对物流协作单位有取舍的权力。他们中有的以救世主自居,随时发号施令,更改和增加服务内容;有的无理指责、刁难、侮辱和投诉物流一线作业员工,物流员工如果抗争,吃亏的总是自己。不少一线操作员工觉得低人一等,常常感到窝火和委屈。企业领导经常与客户、货主加强沟通,增进双方的理解和友谊是重要的,更重要的是,员工自己要保持一颗平常心和宽容心,能作出说明的,要以正当的理由作出委婉的解释,无法解释的,请求上司出面协调。但无论如何都要按照作业要求,确保服务质量,以此赢得客户、货主的尊重与理解。

6. 承受巨大寂寞压力

物流一线一般是指仓库、码头、堆场、机场。作业人员每天与货物打交道,点数量、记数字,有时见物不见人,连个说话的对象也没有。年轻人很难耐得住寂寞,有的借故串岗、离岗,这样很难不造成差错和事故,这种现象多了,工作岗位就难保。不少物流企业的年轻员工就是因为耐不住寂寞,擅离职守,造成差错,造成企业损失而被辞退的。选择物流就业,就要了解这一特点,就要有足够的思想准备,该工作的时候就工作,该放松的时候就放松。在工作岗位上时就要专心,坚守岗位,聚精会神,把件数点清,把数字记清,为企业尽责,向客户负责,也向自己负责。

7. 处理好人际关系

物流一线,是中低端的服务场所,表面上看紧紧张张、忙忙碌碌,其实人际关系也同样复杂。表现在工作上干多点少点斤斤计较,厚此薄彼感情用事,说三道四搬弄是非,成团成伙关系庸俗,仗义执言遭受非议,出了差错扯皮推诿。这些问题,如果没有正确认识、态度和方法,很容易把关系复杂化,影响心情和工作。正确的态度和方法是,少说多干,少参与是是非非的议论,有了瓜葛牵扯就及时说明情况,消除误会和隔阂,必要时直接与上司沟通,争取理解和支持。一句话,就是要把主要的精力用在业务知识的钻研和做好本职工作上,这才是最重要的。

8. 扎扎实实打基础

近几年来,物流人才的需求成了热门,几十万年薪的待遇很吸引人。那么,什么是物流人才呢? 物流人才应该是具有大专以上学历,有物流供应链上某一环节或多个环节的操作经历,有较强的系统设计、信息处理、客户服务、资源整合和市场开拓能力,有良好的经营管理业绩者。是不是物流人才,不单在于有学历和专业知识,更在于有丰富的实践经验和出众的经营管理业绩,也就是说,物流人才是在实践中锻炼成长起来的。物流一线作业是物流人才的成长基地,要成为物流人才,就得从一线干起,在一线增长才干。一线的基础夯实了,才有开拓的思路、创新的举措;才能显示出过人的才华,创造出骄人的业绩,一步一个脚印地迈入人才的坦途。

9. 学会一专多能

物流行业竞争激烈,生意难做,分工太细,用人太多,会加大企业的成本支出。因此,企业领导、人事经理不得不在用人成本上动脑筋、做文章、想办法。一个人能干几个人的工作,一专多能的操作工当然是企业的首选。现在,复合型的操作工、业务员已经成为物流用工的趋势。写字楼里的白领,不管是做进口、还是做出口的,不论是做海运、还是做空运的,都应当会报关、报检、报验,还要会上下游和相关岗位的操作,这才显示出了价值。即使简单的仓库工作也是这样,过去的工作分工很细,管收货的不管出货,管备货的不管保管,还有运输的驾驶员与交单、送货、搬运是两码事。现在就不同了,要求一个人熟悉、会做、能做几个人的活儿。因此,从业人员必须刻苦学习,掌握多项本领,这样的人企业才欢迎,才能发挥更大的作用。

  思考题

(1) 交通运输业在国民经济中的地位和作用是什么?
(2) 如何正确看待交通运输业的发展趋势和前景?
(3) 你怎样为将来的职业活动储备知识和技能?

第三章

职业生涯规划

各个不同的行业都有自身的发展特点,对从业者的要求也各不相同。交通运输业作为国民经济中一个重要部门,有其独特的发展特点和行业要求。大学生在校学习期间,要认真了解该行业的特点和对从业人员的要求,努力提高自身的职业素质,为将来的就业做好充分准备。

第一节 职业生涯规划概述

一个人的职业生涯是一个动态的过程,是一个人的终生职业经历,带有浓厚的个人色彩,受自身的各种因素影响,具有较长的时间性、较广大的范围和深刻的内涵,具体来说,职业生涯就是一个人一生连续担负的职业和职务的发展道路,它综合了个人一生中各种职业和生活的角色,体现出个人独特的发展经历和状态,是人生自青春期至退休所有报酬或无报酬职位的综合,包括对个人对职业生涯发展的见解和期望。

大学阶段是职业生涯的准备阶段,大学生在大学期间要为将来的职业活动储备必需的知识、技能、经验以及能应对将来职业活动的心态,因此,大学生的职业生涯规划也是大学生高度重视的一项工作。

一、职业生涯规划的定义

所谓大学生职业生涯规划是指大学生通过自我评估和对环境因素的分析,结合职业理想与职业生涯的预期,在学校相关部门和人员的帮助下,规划大学学习、生活、工作,提高综合素质与就业竞争力,为未来的就业奠定良好的基础,实现大学教育与市场需求的无缝对接,实现个体全面的人职和谐。

大学生职业生涯规划是帮助大学生真正了解自己,为自己定下未来的事业大计,筹划未来,拟定一生的发展方向,根据主客观条件设计出合理且可行的职业生涯发展目标。不能把职业生涯规划理解为帮助大学生按照自己的资历条件找到一份合适的工作,达到与实现个人目标。对于大学生来说,进行职业生涯规划,不仅是对未来的发展目标的确定,还包括对自己的大学学习和生活进行规划,开发自身的心理、生理、智力、技能、伦理、社会等潜能,促进个人的发展。

大学生处于职业生涯的探索阶段。在这个时期,大学生个体能力迅速提高,职业兴趣趋向稳定,逐步形成了对未来职业生涯的预期目标。通过大学学习,完成职业学习和职业准备,可以为毕业后初次走上就业岗位、正式开始职业生涯的大学生们提供就业导向的作用。在大学期间,大学生需要就自己的未来职业生涯做出关键性的决策,因此,大学学习期间是职业生涯规划的黄金阶段,对大学生个人的未来职业走向和职业发展具有十分深远的影响。

通过职业生涯规划,大学生可以完成职业生涯中的"四定"——定向、定点、定位、定心,尽早确立自己的职业目标,选择自己职业发展的地域范围,把握自己的职业定位,保持平稳和正常的心态,按照自己的目标和理想有条不紊、循序渐进地努力。

大学期间,积极进行职业生涯规划,有助于全面提高大学生的综合素质,避免学习的盲目性和被动性;规划个人的职业生涯,可以使职业目标的实施和策略了然于心中,并便于从宏观上予以调整和掌控,能让大学生在职业探索和发展中少走弯路,节省时间和精力;同时,职业生涯规划还能对大学生起到内在的激励作用,使大学生产生学习、实践的动力,激发自己不断为实现各阶段目标和终极目标而进取。职业生涯活动将伴随我们大学生走向社会,实现人生价值,大学生应深刻把握职业生涯规划的重要意义,积极实践职业生涯规划,努力创造成功的职业生涯,创造完美人生。

二、职业生涯规划的原则和特征

大学生职业生涯规划是以大学生自我为对象,规划设计自己的人生,对自己的发展前景、发展任务和实现步骤等未来的事物进行预测设计,它对大学生的人生道路具有战略意义,决策的正确与否对大学生具有至关重要的影响,大学生在进行职业生涯规划时要遵循以下10条原则。

(1)清晰性原则:目标和措施清晰、明确,实现目标的步骤直截了当。

(2)挑战性原则:目标和措施具有挑战性,高于现实。

(3)变动性原则:目标和措施具有弹性或缓冲性,可以根据环境的变化而作调整。

(4)一致性原则:主要目标与分目标、目标与措施、个人目标与社会组织发展目标保持一致。

(5)激励性原则:目标符合自己性格、兴趣和特长,能对自我产生激励作用。

(6)合作性原则:个人目标与他人、社会目标具有合作性和协调性,有利于相互促进。

(7)全程原则:拟定生涯设计时要考虑到生涯发展的整个历程,作全程考虑。

(8)具体原则:各个阶段的路线与安排,具体可行。

(9)实际原则:结合自己的特质、社会环境、组织环境及其他相关因素,选择切实可行的途径。

(10)可评量原则:明确时间限制和标准,便于评量、检查,随时掌握执行状况,及时修正。

大学生职业生涯规划具有下列特征。

(1)可行性。职业生涯设计要有事实依据,切忌幻想或不着边际的梦想。

(2)适时性。职业生涯规划是预测未来的行动,确定将来的目标,因此,规划中各项主要活动何时实施,何时完成,都应有时间和时序上的妥善安排,以作为检查行动的依据。

(3)适应性。职业生涯规划要考虑多种可变因素,弹性设计,增加其适应性。

(4)持续性。职业生涯规划要保持连贯衔接,使各阶段相互促进,协调发展。

(5)个性化。职业生涯规划是个人职业生涯发展的蓝图。要与个人的成长环境、文化背景、个性类型、文化资本、价值观、能力等因素相适应,由自己来主导,根据自身的情况仔细斟酌。

(6)开放性。职业生涯规划应在对主客观环境审时度势的基础上,广泛听取各方面意见,联系社会实际来制订。

三、职业生涯规划的意义

职业生涯规划必须具备五大要素:知己、知彼、抉择、目标、行动,其中,知己、知彼和抉择,是目标、行动的基础。

知己是对自己的了解,包括个人的兴趣、能力、价值观、个性、志向、学校与社会教育对自己的影响等。认识自我是对自我深层次的解剖,了解自己能力的大小,明确自己的优势和劣势,根据过去的经验、经历,选择推断未来可能的工作方向,从而彻底的解决"我想干什么"和"我能干什么"的问题。只有认识了自我,了解了自我,才能有针对性的明确职业方向。

知彼是探索外在的世界,包括行业的特征、任职者所需具备的能力,就业的渠道、工作内容、职业发展前景、行业的薪资待遇等。只有对外在的世界有了深入的了解后,才知道社会需要什么样的人才,每个职业需要具备什么样的能力,从而有针对性的积累相关的知识和技能。

大学生可通过全面、客观、深刻的剖析自己,通过广泛的社会实践来达到对外在世界的深入了解,来了解自身能力和工作的特性,通过自我分析和职业分析,使自己和职业与自我达到平衡,从而实现自我的人生价值。

职业生涯活动伴随了一个人的大半生,甚至更长远,大学生只有认真进行职业生涯规划才能拥有成功的职业生涯,实现完美人生。职业生涯规划能帮助大学生确定职业发展目标,鞭策大学生努力工作,有助于抓住职业生涯的重点,引导大学生发挥潜能,评估工作成绩,在大学生的人生道路上具有十分重要的意义。

第一,职业生涯规划可以发掘自我潜能、增强个人实力。一份行之有效的职业生涯规划将会引导大学生正确认识自身的个性特质,现有的与潜在的资源优势,重新对自己的价值进行定位并使其持续增值;引导大学生对比分析自身的综合优势与劣势,树立明确的职业发展目标与职业理想;引导大学生评估个人目标与现实之间的差距,进行前瞻与实际相结合的职业定位,搜索或发现新的或有潜力的职业机会;帮助大学生运用科学的方法,采取切实可行的步骤与措施,不断增强职业竞争力,进而实现自己的职业目标与理想。

第二,职业生涯规划可以增强发展的目的性和计划性,提升成功的机会。职业生涯发展要有计划、有目的、不可盲目撞大运。大学生要通过职业生涯规划,在了解自我的基础上确定适合自己的职业方向和目标,并制订相应的计划,把"我想做的事情"和"我能做的事情"有机结合起来,为个人走向职业成功提供最有效的途径。

第三,职业生涯可以提升应对竞争的能力。当今社会处在变革的时代,竞争已成为社会生存的主要形式。要想在这场激烈的竞争中脱颖而出,并立于不败之地,必须设计好自己的职业生涯规划,做到心中有数,不打无准备之仗,不是拿着简历和求职书到处乱跑,期望着能撞大运找到好工作,而是在充分了解自身和社会实际的基础上,运用科学的方法采取可行的步骤和措施,有针对性地参加学习和实践,择己所爱、择己所长、择己所利、择世所需,充分发挥个人的长处,努力克服弱点,挖掘潜在的能力,不断增强自身的职业竞争能力,实现自己的职业目标和理想。

第四,职业生涯规划是大学生实现个人全面发展的有效途径。职业生涯规划促进大学生不断提升自我素质,实现自身价值的升华,促使大学生追求拥有健康的生理体系、健全的人格体系、丰富的知识体系、综合的能力体系、良好的人际关系和丰富的人生活动体系,实现个人的全面发展。

第二节 职业生涯规划的实施

一、影响职业生涯规划的因素

大学生职业生涯规划实质上是追求最佳职业生涯的过程。在这个过程中,大学生要根据对自身、社会等各方面因素进行评估、分析,确定自己职业生涯道路。这个过程是主观与客观紧密结合的过程,必然要受多种因素的影响,是各种因素相互结合的产物。影响大学生职业生涯规划的因素主要有个人因素、社会因素和目标因素三个方面。

1. 个人因素

每个人的心理特质和个性如兴趣、智商、情商、动机、态度、价值观、职业性向、人格倾向、人生态度等,都是影响职业生涯规划的主观因素,大学生在进行职业生涯规划时,总是基于一定的职业倾向和人生态度来进行职业生涯规划。同时,还要受个人的生理特质(性别、年龄、体能、健康状况、身高、体重以及容貌)等因素的制约,它们构成个人的身心因素,是影响职业生涯规划的首要因素。

学历资历(受教育程度、培训经历、学业成绩、社会活动、工作经验、生涯目标)也是职业生涯规划中,起着明显作用的因素。获得不同教育程度的人,在个人职业选择或被选择时,具有不同的能量。一般来说,接受过高水平教育的人,在就业后有较大的发展;在职业不如意时,再次进行职业选择的能力和竞争力也较强;此外,人们所接受教育的专业、学科门类对职业生涯起着决定性的作用。人们在选择职业、转换职业时往往与所学的专业有一定的联系,因此,职业的进展、职业生涯规划深受教育和培训的影响、教育程度是事业成功中不可缺少的因素。

家庭背景(父母的职业、受教育状况、社会地位、家人的期望、家庭经济状况)等。在大学生职业生涯规划中的作用也不容小视,大学生在校学习期间和职业生涯中一定会受各种义务的束缚,他们必须承担起对自己、对家人、对他人和对社会的经济义务。

2. 社会因素

一定的社会政治、经济体制、劳动力的供需状况、人才市场的管理体制、社会文化习俗、职业的社会评价和人际关系状况等都是职业生涯规划的外部环境因素。社会环境因素不仅决定了社会对社会职业岗位需求的数量、结构、层次,决定了大学生对不同职业岗位的接受、赞誉或贬低的程度,还决定了大学生步入职业生涯的基本方式、开始职业生涯后的基本态度,以及由此而引起的职业生涯的变化,从而对大学生职业生涯规划产生突出的影响。以劳动力市场的供需状况为例,市场紧缺的专业人才可能拥有更好的职业生涯发展条件,不仅使大学生在职业生涯规划时愿意以此为目标,而且在以后的职业生涯发展中,可能会使人贪图安逸生活和优厚待遇而放松努力,影响职业生涯发展。

3. 目标因素

大学生职业生涯规划中,规划目标对职业生涯规划的影响主要表现在个人目标选择和落实目标措施两个方面。

(1)个人目标选择方面。个人设定目标的原因,设计达到目标的途径、达到目标所需要的能力、训练和教育,达到目标可能得到的助力和阻力,对大学生的职业生涯设计起着引导的作用。

(2)落实目标措施方面。职业生涯的教育训练安排、获得发展的安排、排除各种阻力的计划和措施、争取各种助力的计划和措施,成为职业生涯设计中必须高度关注、具体落实的内容。

大学生在仔细分析影响自己职业生涯的各种因素之后,就可以较好的解决职业生涯设计中"干什么"、"何处干"和"怎样干"这三个最基本的问题,从而顺利进行职业生涯规划。

二、职业生涯规划的步骤和方法

大学生职业生涯规划是对自己的发展前景、发展任务、实现步骤等未来事物的计划,与每个个体的具体情况紧密相关,具有较强的虚拟性和前瞻性,甚至是纸上谈兵,但对于即将走上从业道路的大学生来说是必需的,它将为大学生提供走向成功的技术与方法。通过职业生涯设计,大学生可以充分认识自己,客观分析自己,客观分析各种条件,科学树立目标,正确选择目标,这就要求大学生在大学学习期间,掌握正确的职业生涯规划的方法,积极进行职业生涯规划。

大学生职业生涯规划形式各异、内容也不尽相同,一般包括确立目标、自我评估、职业生涯机会评估、职业的选择、职业生活路线的选择、设定职业生涯策略、制订行动计划与措施、评估与反馈等步骤。

1. 确立职业志向

大学生事业成功的前提是树立适合自身情况的志向。立志是人生的起跑点,大学生职业生涯规划的关键是确立志向。"志不立,天下无可成之事",无论是大学生活还是将来的职业生涯,都需要大学生将个人条件和社会需要、责任与能力有机结合起来,确定正确的奋斗目标,并为之而努力奋斗,职业生涯规划也是在职业志向的引导下进行的。

2. 职业生涯的自我评估

大学生职业生涯规划,必须充分认识自我,要对自身的兴趣、特长、性格、学识、技能、智商、情商、思维方式、道德水准以及组织管理、协调、活动能力等方面有正确的认识,把握自身的优点和缺点,了解自身的特长和短处,确切掌握自我,超越自我,促进自我发展。在此基础上,才能准确定位自我,确立目标。正确的自我评估是职业生涯规划的基础,直接决定职业生涯规划的成败。

3. 职业生涯机会评估

在社会化大生产条件下,任何个体都是处在一定的社会环境中,离开社会环境,任何人都无法存在和发展。大学生职业生涯同样也离不开各种社会环境,大学生进行职业生涯规划,必须对各种环境因素进行分析,把握各种环境条件的特点和发展变化的情况,了解自身与环境的关系以及自身在这个环境中的地位,掌握环境对自己提出的要求以及环境对自己的有利条件和不利条件等,从而正确评估各种环境因素对自己职业生涯发展的影响,在复杂的环境中避害趋利,更好地进行职业生涯规划。

4. 职业目标的确定

大学生职业生涯规划中,必须要明确自己想成为什么样的人,选择从事什么职业,担任什么职务,进行何种工作。只有确定了适合自身条件的职业目标,才能以此为目标,努力学习,进而达到成功。职业目标的确立,不仅要与自身的性格、兴趣、特长、内外环境相适应,还要与社会、企业的需求相一致。

5. 职业生涯路线的选择

确定职业目标后,还要思考向哪一路线发展,如行政管理方向、专业技术路线等。由于发展路线不同,对职业发展的要求也不相同,因此,职业生涯规划中,必须对职业生涯路线进行选择。选择职业生涯的路线,应考虑三个问题:"我想往哪一条路线发展","我适合往哪一路线发展","我可以往哪一路线发展"。通过对知己知彼的有关情况进行综合分析,确定最佳职业生涯路线。

6. 职业生涯策略的制订与实施

职业生涯目标和路线确定后,就要为职业生涯目标的实现,制订相应措施和方案予以落实。要通过工作、训练、教育、实践等具体措施来为职业生涯目标的实现创造和准备各种条件,通过在校期间的学习,掌握专业知识,提高专业素质,扩大自己的知识视野,完善知识结构;参加各种社会实践活动,提高自己的社会实践能力;担任一定的社会职务,提高自己的服务意识,锻炼自己的策划、管理、协调能力,通过具体明确的策略和行动,为将来的职业活动做好准备。

7. 职业生涯规划的评估与反馈

大学生职业生涯规划受诸多因素的影响,特别是存在着诸多的不可预测的因素。在高科技发展日新月异的背景下,大学生职业生涯规划要不断进行评估和修正,要根据形势的变化,结合自身的情况,及时对规划的内容、方案措施和步骤进行调整,如职业的选择、生涯路线的变化、人生目标的修正和计划的变更等,使职业生涯规划与实际更为一致,更为适合,保证职业生涯规划的顺利实施。

三、职业生涯规划的实施

大学生职业生涯规划是大学生走向人生成功的起点,但大学生还必须用自己的实际行动来把人生蓝图变为现实,要有具体的实施方法,要通过树立自信、开发潜能和积极行动来实施职业生涯规划。

1. 树立自信

自信是成功的秘诀之一,没有自信的人生便失去了意义,任何人要想成就一番事业、获得成功,首先必须要具有高度的自信心,才能给自己的人生事业提供动力源泉,才能克服各种困难,产生无形的力量,推进人生事业的发展,实现人生的美好愿望。著名科学家爱因斯坦、居里夫人和发明大王爱迪生、海伦凯勒等都是拥有高度的自信心,才在各自的事业中取得成功的。

大学生可以通过坚定实现目标的信念,发挥自己最大的优势,培养必胜的信念,从失败中吸取教训,坚决放弃逃避的念头,恪守自己的诺言等方法来增强自己的自信心。

2. 开发潜能

人具有巨大的潜能,只有他的潜能得到发挥,才可以干出一番事业。那些被世人称为天才的人只不过是开发了他们的潜能而已。20世纪的科学家爱因斯坦去世后,科学家对他的大脑进行了研究,结果表明,他的大脑无论是体积、重量和结构或细胞组织都和其他同龄人一样,没有区别,他能取得成功,就在于他把自己的潜能充分发挥出来。

高职高专的毕业生在激烈的就业竞争面前,除了要掌握扎实的专业知识技能,积累丰富的社会经验,还要大力激发自己的潜能,才能应对激烈的竞争,在职业生涯中开创自己光明的前景。

要开发潜意识中的潜能,首要条件是与潜意识进行沟通,通过沟通开发潜能,发挥其作用。沟通的主要形式是积极暗示,通过积极暗示给潜意识输送信息,使之产生积极的心态,正如拿破仑·希尔所说:"一个人能否成功,关键在于他的心态,成功人士与失败者的区别在于成功人士有积极的心态。"有了积极的心态,就能随时进入生龙活虎的进取状态,乐观应对,充满自信,全身焕发活力,心智敏锐离成功也更近了一步。

3. 积极行动

职业生涯规划的实施,最根本的是要按照计划去行动,要规划变成现实。俗语说,"心动不如行动",只有切实采取行动,才有取得成功的可能,只有从现在做起,才能完成你的人生计划。在职业生涯规划中,大学生应从现在做起,马上行动起来,需要什么就设法创造什么条件,遇到问题立即解决,当天的事情当天完成,养成立即行动的习惯;同时,还要不断克服各种困难,努力做到持之以恒,因为在前进的道路上没有平坦大道,总是会出现各种各样的困难,可能遇到各种各样的矛盾,只有坚持到底,不断克服各种困难,解决各种矛盾,才能实现职业生涯目标。大学生在职业生涯规划中,要瞄准目标,有效行动,要集中力量向目标发起进攻,排除各种无益于目标的活动与干扰,不受他人影响,坚持不懈地为职业生涯目标的实现而努力。与此同时,要看到当代社会一切因素都处在不断变化当中,职业生涯也不可能脱离现实,要根据实际情况的变化,随时进行调整,要灵活机动、迂回前进。

第三节　职业生涯规划中常见的问题

一个人的事业能否成功取决于太多的因素,个人的素质、机遇、环境等都起着重要作用。所以,职业生涯设计必须对影响自己职业生涯的各种因素进行认真细致的分析,对自身社会的各种情况进行全面分析,注意避免在职业生涯规划中容易出现的问题,正确规划自己的职业生涯。

一、职业生涯规划要兼顾两个方面

大学生进行职业生涯规划时,一方面要充分认识自己与了解周围的环境,做到心中有数,科学、合理的规划自己的职业生涯。

首先,大学生必须对自己的优势和劣势有一个全面的认识,要认真分析和把握自己的人生经历和体验,对你自己做过什么、取得过什么成就进行客观分析,了解自己的素质状况,从而利用过去的经验选择,推断自己未来的工作方向与机会;总结学校学习期间所掌握的专业知识和技能情况,使之真正化为自己的智慧;分析自己最成功的是什么,从中发现自我性格优越的方面,以此作为个人深层次挖掘的动力之源和魅力闪光点,把它作为自己职业生涯规划的力量支撑;同时,对自己的性格弱点和经验、经历中所欠缺的方面进行分析、总结,找到解决和弥补的方法。

其次,在职业生涯规划中要对自己所处的环境进行分析,认识和了解社会大环境,分析自己所选择的企业外部环境,从而了解当前社会的政治经济发展趋势,社会热点职业门类分布与需求状况,社会发展趋势对自己职业的影响,自己所从事的行业状况及前景,在本行业中的地位与发展趋势,所面对的市场状况等。同时,要对人际关系进行分析,掌握良好的人际关系处理方法,充分利用各种人脉,尽可能建立起适合职业发展的人际关系网。

大学生在职业生涯规划中,只有做到既知己又知彼,才能保证职业生涯规划具备成功的基础。

另一方面,大学生毕业后要想保证实现自己职业生涯规划目标,还应从以下六个方面拟定相应的行动计划并着手实施。

(1)建立正确的心态:了解自己、了解他人、诚信待人、虚心学习、保持发展向上的动力。

(2)强化业务素质:加强基础能力、业务能力和素质能力的自我培养。

(3)开发潜能:参加培训、轮岗、业余课程学习等,构建人际关系网络,有效地挖掘自己的潜在能力。

(4)善于利于学习渠道:向有经验的同行、前辈学习,利用信息平台、媒体,参加社团等拓展知识面。

(5)采取多种方法:向优秀者学习,定期检查职业生涯规划的实施情况,总结成功经验,养成良好的持之以恒的习惯。

(6)拓新思维模式:采用创新思考、逆向思考、系统思考以及价值导向思考的思维模式,不断积累国际化和预见性的知识,养成终生学习的习惯,不断积累与实践。

二、做到"四个吻合",把握五条原则

职业的选择,是大学生人生事业的起点,职业选择的正确与否,直接关系到人生事业的成功与失败。因此,大学生职业生涯规划中,对职业的选择必须认真对待、正确抉择。

职业选择要做到自身优势与职业特点的相吻合,要根据自身的性格、兴趣、能力和气质来选择职业。

性格是一个人在长期生活中形成的一种不易改变的思维方式和行为方式,与职业活动关系非常密切。任何一种职业活动都需要从业者具备一定的性格,即职业活动要求从业者的性格与职业相匹配,正是因为这个原因,近年来,许多用人单位在选择人才时,更加注重应聘者的性格,往往把性格测试放在首位。大学生进行职业生涯规划时要根据自己的性格特点,选择相应的职业,尽量使自己所选择的职业与自身的性格相匹配,同时,要看到性格具有可塑性,在大学学习期间要努力培养自身的良好性格。

兴趣也是人们选择职业的重要依据。兴趣可以开发智力,提高人的工作效率,是人行动的动力,对人生事业的发展至关重要。谁找到了自己最感兴趣的工作,谁就等于踏上了通向成功的道路。在学校里被人骂为"傻瓜"、"低能儿"而被勒令退学的爱迪生,在发明王国里显示出了异常的聪明和敏锐,成为前所未有的发明家,这就是兴趣的作用。有兴趣,工作就有钻劲。每个大学生在进行职业生涯规划时,应该着重考虑兴趣的因素,找到自己的兴趣所在,根据兴趣选择职业。

从事职业活动,需要具备一定的能力,包括一般能力(注意力、观察力、记忆力、思维能力和想象力)和特殊能力(计算能力、音乐能力、动作协调能力、语言表达能力、空间判断能力),它是一个人完成任务的前提条件,是影响工作效果的基本因素。对于任何职业而言,必须要求从业者具备相应(相当)的能力。大学生在选择职业时,必须考虑到能力与职业的吻合,要做自己的能力类别与职业相吻合,能力水平与职业层次一致,积极发挥优势能力的作用。

人的气质分为多血质、黏液质、胆汁质和抑郁质。四种气质类型在心理特征和行为表现上各不相同,不同气质的从业者在职业气质上有变化型、重复型、服从型、独立型、协作型、孤独型、劝服型、机智型、经验决策型、事实决策型、自我表现型和严谨型等十二种类型,不同相对应的适合一系列各不相同的职业类别,大学生也要根据自己的气质,选择适合的工作。

大学生在职业生涯规划时,还应把握以下五条原则。

(1)符合社会需要原则,这是大学生择业时首要原则。

(2)发挥个人素质的原则,这是职业生涯顺利发展的前提条件。

(3)主动选择的原则,这是职业生涯规划顺利实施的基础。

(4)分清主次的原则。

(5)着眼长远、面向未来的原则。

三、常见问题及对策

大学生职业生涯规划中常见的问题有以下几个。

(1) 职业生涯发展规划目标不明。主要表现在有的大学生对自己的学业进行规划时不喜欢自己所学的专业,但又没有找到自己喜欢的专业;希望将来能成就一番事业,但找不到成就事业的专业方向。

(2) 发展长期目标相互冲突。兴趣爱好吸引学生将更多的精力放在和所学专业关系不大的学习上,忽视了规定的学习任务,而感到无法抉择,无所适从。

(3) 生涯发展短期目标冲突。大学生在职业生涯规划中不能分清主次,盲目模仿。

(4) 抉择困难。有一部分大学生在进行具体的生涯抉择时,带有"鱼和熊掌兼得"的心态,不愿意放弃任何事情,面对必须作出选择的现实生活,显得迷茫和犹豫,以至出现严重的心理困扰。

(5) 信念不合理。有些学生以自我为中心、自私自利,只想到自我的发展,没有合作意识和集体精神,讲究功利,致使他们在人际关系上敏感、多疑,为达目的不择手段,严重影响将来的职业生涯发展。

(6) 意识缺乏。有些学生缺乏上进心,对外界事物缺乏足够的兴趣,凡事都需别人帮忙,依赖性很强,在困难面前裹足不前,常常怨天尤人,总以为社会对自己不公平。生活没有目标,学习没有动力,生涯没有规划。

在这些问题的影响下,大学生职业生涯规划中出现了一系列常见的误区:"我的目标就是当总裁","能做好下属就能做好主管","成功的关键在于运气","做计划是人事部门的事,与我无关","只有加班工作,才能得到赏识","由老板决定升迁快慢","邻家的绿地总是更绿更好"等。

针对这些常见问题和常见误区,大学生应采取下列方法应对。

(1) 努力树立成长、成材、成功的意识,使自己成为愿意成材、希望成材、渴望成材的人,自觉规划人生,努力走向成功。

(2)积极主动地学习和探索,大学生要树立自我探索、自我规划、自我成长、自我完善的理念,积极、主动地投入到各种成长活动中去。

(3)积极参加社会实践和职位学习,了解社会的政治、经济、发展趋势,把握社会对人才素质的要求,根据社会需要有计划地塑造自己,有目的地学习;了解社会职业分类及职业变化,在就业过程中,正确定位、顺利就业、成功就业。

(4)做好大学期间成长计划,合理规划自己的大学生活,制订切实可行的大学成长计划,加快在校期间的成长速度,提高职业竞争力。

(5)寻求有效帮助。

(6)积极参加成长训练。

思考题

(1)如何看待大学生职业生涯规划?

(2)影响职业生涯规划的因素有哪些?

(3)结合自身实际分析自己的优势和劣势,正确进行职业生涯规划。

(4)根据自身实际,选择符合自己条件的职业并作出相应的职业生涯规划。

第四章

就业法律与政策

大学生在求职择业过程中,要充分了解国家的就业政策和法规,充分了解国家关于高校毕业生就业的方针政策,把握国家现行的关于高校毕业生就业的政策和规定,充分利用国家为大学生就业所创造的有利条件,主动适应就业形势,严格按照就业法规和政策规范自己的就业行为,自觉主动地参与各种就业活动,促进自己正确择业和顺利就业。

第一节 促进公平就业的法律制度

一、公平就业的内涵

公平就业是指所有劳动者享有公平的就业机会,既包括形式公平意义上的反就业歧视,已形成的公平竞争就业的环境,又包括实质意义上的对特殊就业群体的扶持、援助和保护,从而弥补特殊就业群体获得就业机会的不足,保护劳动者免于因与就业无关的因素而受到歧视。公平就业的法律原则有以下两点。

(1)机会均等,所有劳动者都有平等进入人力资源市场,参与竞争,实现就业的机会,既包括劳动关系建立前的录用机会均等,也包括劳动关系建立后的职业机会、晋级机会和培训机会均等。

（2）同工同酬，从事技能、职责和能力要求相同，且工作条件相同的劳动者，用人单位应该支付相同的报酬。

公平就业始终是就业立法关注的焦点。我国的《就业促进法》对此进行了详细的规定，包括平等的就业机会和公平的就业条件这两个方面的内容。

二、反对就业歧视

（一）就业歧视的概念和种类

就业歧视是指因职业需要以外的因素，在就业机会或待遇上区别对待的现象或行为，具体可以分为性别歧视、残疾歧视、地区歧视、病理歧视和农民工歧视等。

（1）性别歧视。国家保障妇女享有与男子平等的劳动权利；用人单位招用人员时，除国家规定的不适合妇女的工种或者岗位外，不得以性别为由拒绝录用妇女或者提高对妇女的录用标准。用人单位录用女职工时，不得在劳动合同中规定限制女职工结婚、生育的内容条款。

（2）残疾歧视。国家保障残疾人劳动的权利。各级人民政府应当对残疾人就业统筹规划，为残疾人创造就业条件。用人单位招用人员时，不得歧视残疾人。

（3）户籍歧视。农村劳动者进城就业享有与城镇劳动者平等的权利，不得对农村劳动者进城就业设置歧视性限制。

（4）疾病歧视或传染病歧视。用人单位招用人员，不得以是传染病病原携带者为由拒绝录用。但是，经医学鉴定传染病病原携带者在治愈前或者排除传染嫌疑前，不得从事法律、行政法规和国务院卫生行政部门规定禁止从事的易使传染病扩散的工作。

（二）就业歧视的法律救济

为了维护劳动者的平等就业权，反对就业歧视，要明确政府维护公平就业的责任。各级人民政府应当创造公平就业的环境，消除就业歧视,并制定政策和采取措施对就业困难人员给予扶持和援助。同时,要规范用人单位和职业中介机构的行为。用人单位招用人员、职业中介机构从事职业中介活动,应当向劳动者提供平等的就业机会和公平的就业条件,不得实施就业歧视。

违反《就业促进法》规定,实施就业歧视的,劳动者可以向人民法院提起诉讼;侵害劳动者合法权益,造成财产损失或者其他损害的,依法承担民事责任;构成犯罪的,依法追究刑事责任。

在反就业歧视诉讼案中,实行由用人单位举证的举证责任倒置制度。

三、特殊就业群体的保障

特殊就业群体的保障,是指法律法规和就业政策对妇女、残疾人、少数民族人员、退役军人等特殊就业群体的就业所采取的特殊保障措施。

(一)妇女就业保障

我国《劳动法》和《妇女权益保障法》等法律法规对妇女劳动权益实行特殊保障,主要内容有:

(1)国家保障妇女享有与男子平等的劳动权利和社会保障权利。

(2)各单位在录用职工时,除不适合妇女的工种或者岗位外,不得以性别为由拒绝录用妇女或者提高对妇女的录用标准。各单位在录用女职工时,应当依法与其签订劳动(聘用)合同或者服务协议,劳动(聘用)合同或者服务协议中不得规定限制女职工结婚、生育的内容。

(3)实行男女同工同酬。妇女在享受福利待遇方面享有与男子平等的权利。

(4)在晋职、晋级、评定专业技术职务等方面,应当坚持男女平等的原则,不得歧视妇女。

(5)任何单位均应根据妇女的特点,依法保护妇女在工作和劳动时的安全和健康,不得安排不适合妇女从事的工作和劳动。

妇女在经期、孕期、产期、哺乳期受特殊保护。

（6）任何单位不得因结婚、怀孕、产假、哺乳等情形，降低女职工的工资，辞退女职工，单方解除劳动（聘用）合同或者服务协议。但是，女职工要求终止劳动（聘用）合同或者服务协议的除外。各单位在执行国家退休制度时，不得以性别为由歧视妇女。

（二）残疾人就业保障

我国《劳动法》和2007年2月14日国务院第169次常务会议通过的《残疾人就业条例》，对保障残疾人的劳动权利设计了完整的法律制度。

（1）保障残疾人就业的方针。国家对残疾人就业实行集中就业与分散就业相结合的方针，促进残疾人就业。县级以上人民政府应当将残疾人就业纳入国民经济和社会发展规划，并制定优惠政策和具体扶持保护措施，为残疾人就业创造条件。

（2）保障残疾人平等就业。用人单位应当为残疾人职工提供适合其身体状况的劳动条件和劳动保护，不得在晋职、晋级、评定职称、报酬、社会保险、生活福利等方面歧视残疾人职工。

（3）集中就业。政府和社会依法兴办的残疾人福利企业、盲人按摩机构和其他福利性单位（以下统称集中使用残疾人的用人单位），应当集中安排残疾人就业。集中使用残疾人的用人单位中从事全日制工作的残疾人职工，应当占本单位在职职工总数的25%以上。国家对集中使用残疾人的用人单位依法给予税收优惠，并在生产、经营、技术、资金、物资、场地使用等方面给予扶持。县级以上地方人民政府及其有关部门应当确定适合残疾人生产、经营的产品、项目，优先安排集中使用残疾人的用人单位生产或者经营，并根据集中使用残疾人的用人单位的生产特点确定某些产品由其专产。政府采购，在同等条件下，应当优先购买集中使用残疾人的用人单位的产品或者服务。

（4）按比例就业和残疾人就业保障金制度。用人单位应当按照一定比例安排残疾人就业，并为其提供适当的工种、岗位。用人单位安排残疾人就业的比例不得低于本单位在职职工总数的

1.5%。用人单位安排残疾人就业达不到其所在地省、自治区、直辖市人民政府规定比例的,应当缴纳残疾人就业保障金。

(5)扶持残疾人灵活就业。县级以上人民政府应当采取措施,拓宽残疾人就业渠道,开发适合残疾人就业的公益性岗位,保障残疾人就业。国家鼓励扶持残疾人自主择业、自主创业。对残疾人从事个体经营的,应当依法给予税收优惠,有关部门应当在经营场地等方面给予照顾,并按照规定免收管理类、登记类和证照类的行政事业性收费。国家对自主择业、自主创业的残疾人在一定期限内给予小额信贷等扶持。

(6)扶持农村残疾人就业。地方各级人民政府应当多方面筹集资金,组织和扶持农村残疾人从事种植业、养殖业、手工业和其他形式的生产劳动。有关部门对从事农业生产劳动的农村残疾人,应当在生产服务、技术指导、农用物资供应、农副产品收购和信贷等方面给予帮助。

(7)对残疾人提供特殊就业服务。各级人民政府和有关部门应当为就业困难的残疾人提供有针对性的就业援助服务,鼓励和扶持职业培训机构为残疾人提供职业培训,并组织残疾人定期开展职业技能竞赛。中国残疾人联合会及其地方组织所属的残疾人就业服务机构应当免费为残疾人就业提供下列服务。国家鼓励其他就业服务机构为残疾人就业提供免费服务。受劳动保障部门的委托,残疾人就业服务机构可以进行残疾人失业登记、残疾人就业与失业统计;经所在地劳动保障部门批准,残疾人就业服务机构还可以进行残疾人职业技能鉴定。残疾人职工与用人单位发生争议的,当地法律援助机构应当依法为其提供法律援助,各级残疾人联合会应当给予支持和帮助。

第二节　促进就业的政策

一、促进就业的政策支持体系

为了建立促进就业的长效机制,《就业促进法》将经过实践检验行之有效的积极的就业政策上升为法律规范,并按照促进就业的工作要求,规定了政策支持的法律内容。

(一)产业政策

县级以上政府统筹协调产业政策与就业政策。鼓励各类企业在法律、法规规定的范围内,通过兴办产业或者拓展经营,增加就业岗位。国家鼓励发展劳动密集型产业、服务业,扶持中小企业,鼓励、支持、引导非公有制经济发展,扩大就业机会,增加就业岗位。在安排政府投资和确定重大建设项目时,应当发挥投资和重大建设项目带动就业的作用,增加就业岗位。国家发展国内外贸易和国际经济合作,拓宽就业渠道。

(二)财政政策

国家加大资金投入,改善就业环境,扩大就业。县级以上人民政府应当根据就业状况和就业工作目标,在财政预算中安排就业专项资金用于促进就业工作。就业专项资金用于职业介绍、职业培训、公益性岗位、职业技能鉴定、特定就业政策和社会保险等的补贴,小额贷款担保基金和微利项目的小额担保贷款贴息,以及扶持公共就业服务等。审计机关、财政部门应当依法对就业专项资金的管理和使用情况进行监督检查。

(三)税收政策

国家鼓励企业增加就业岗位,扶持失业人员和残疾人就业,对符合法定条件的企业和人员依法给予税收优惠。能享受税收优惠的企业和人员具体包括:吸纳符合国家规定条件的失业人员达到规定要求的企业;失业人员创办的中小企业;安置残疾人员达到规定比例或者集中使用残疾人的企业;从事个体经营的符合国家规定条件的失业人员;从事个体经营的残疾人;国务院规定给予税收优惠的其他企业、人员。同时,对从事个体经营的失业人员和残疾人免除行政事业性收费。

(四)金融政策

明确规定增加中小企业的融资渠道;鼓励金融机构改进金融

服务,加大对中小企业的信贷支持,并对自主创业人员在一定期限内给予小额信贷等扶持。

(五)就业统筹政策

(1)实行城乡统筹的就业政策,明确规定国家建立健全城乡劳动者平等就业的制度,引导农业富余劳动力有序转移就业。

(2)实行区域统筹的就业政策,国家支持区域经济发展,鼓励区域协作,统筹协调不同地区就业的均衡增长;支持民族地区发展经济,扩大就业。

(3)实行群体统筹的就业政策,各级人民政府统筹做好城镇新增劳动力、农业富余劳动力转移就业和失业人员就业工作。

当前,要统筹做好下岗失业人员、大学生、复转军人、残疾人、农民工等群体的就业工作。

(六)就业保障政策

实行有利于灵活就业的劳动和社会保险政策。明确规定各级人民政府采取措施,逐步完善和实施与非全日制用工等灵活就业相适应的劳动和社会保险政策,为灵活就业人员提供帮助和服务。实行就业援助制度。明确规定国家建立健全就业援助制度,对就业困难人员给予扶持和帮助。实行失业保险促进就业政策。明确规定失业保险制度保障基本生活和促进就业的功能,并要求加强对大规模失业的预防、调节和控制。

二、引导和鼓励高校毕业生面向基层就业的政策

中共中央办公厅国务院办公厅印发《关于引导和鼓励高校毕业生面向基层就业的意见》的通知(中办发[2005]18号)指出,高校毕业生是国家宝贵的人才资源,他们的就业是一个涉及全局的重大问题,不仅关系到广大人民群众的切身利益,而且直接影响到经济发展和社会稳定。当前,随着经济体制改革的深化和经济结构的战略性调整,一方面高校毕业生就业面临着一些困难和问题,另一方面广大基层特别是西部地区、艰苦边远地区和艰苦行业以

及广大农村还存在人才匮乏的状况。积极引导和鼓励高校毕业生面向基层就业,有利于青年人才的健康成长和改善基层人才队伍的结构,有利于促进城乡和区域经济的协调发展,有利于构建社会主义和谐社会和巩固党的执政地位。

大学生要树立正确的世界观、人生观和价值观,自觉地把个人理想同国家与社会的需要紧密结合起来。要通过社会实践等多种方式来帮助大学生深入了解国情、了解社会,正确认识就业形势,树立行行建功、处处立业的观念,踊跃到基层锻炼成才。

(一)完善鼓励高校毕业生到西部地区和艰苦边远地区就业的优惠政策

要完善人才资源市场配置与政府宏观调控相结合的运行机制,进一步消除政策障碍,健全社会保障体系,促进高校毕业生到西部地区、艰苦边远地区和艰苦行业就业。对到西部县以下基层单位和艰苦边远地区就业的高校毕业生,实行来去自由的政策,户口可留在原籍或根据本人意愿迁往西部地区和艰苦边远地区。工作满5年以上的,根据本人意愿可以流动到原籍或除直辖市以外的其他地区工作,凡落实了接收单位的,接收单位所在地区应准予落户;需要人事代理服务的,由有关机构提供全面的免费代理服务。对毕业后自愿到艰苦地区、艰苦行业工作,服务达到一定年限的学生,其在校期间的国家助学贷款本息由国家代为偿还。到艰苦边远地区和国家扶贫开发工作重点县就业的,可提前执行转正定级工资,高定1~2档工资标准。

(二)积极鼓励、支持高校毕业生到基层自主创业和灵活就业

要大力倡导高校毕业生发扬自强自立的精神,在就业时不等不靠、不挑不拣,勇于到市场经济大潮中拼搏竞争。各级党委和政府要创造良好的政策环境和市场条件,鼓励和支持高校毕业生到基层自主创业和灵活就业。对高校毕业生从事个体经营的,除国家限制的行业外,自工商行政管理部门登记注册之日起3年内免交登记类、管理类和证照类的各项行政事业性收费。要加强对大学生的创业意识教育和创业能力培训,为到基层创业的高校毕业生提供有针对性的项目、咨询等信息服务,对其中有贷款需求的提供小额贷款担保或贴息补贴。有条件的地区,可通过财政和社会两条渠道筹集高校毕业生创业资金。对于高校毕业生以从事自由职业、短期职业、个体经营等方式灵活就业的,各级政府要提供必要的人事劳动保障代理服务,在户籍管理、劳动关系形式、社会保险缴纳和保险关系接续等方面提供保障。

(三)大力支持各类中小企业和非公有制单位聘用高校毕业生

各类中小企业和非公有制单位是高校毕业生就业的重要渠道。各级党委和政府要为高校毕业生到这些企业和单位就业营造氛围、疏通渠道、创造条件。对非公有制单位聘用非本地生源的高校毕业生,省会及省会以下城市要取消落户限制。对到中小企业和非公有制单位就业的高校毕业生,在专业技术职称评定方面,要与国有企业员工一视同仁;对他们当中从事科技工作的,在按规定程序申请国家和地方科研项目和经费、申报有关科研成果或荣誉称号时,要根据情况给予重视和支持。要规范人才、劳动力市场秩序,加大人事、劳动保障执法监察力度,通过法律、经济、行政等手段,规范高校毕业生和用人单位的双向选择行为。要依法加强对各类企业签订劳动合同、兑现劳动报酬和缴纳社会保险情况的监督检查,维护到中小企业和非公有制单位就业的高校毕业生的合法权益。到非公有制单位就业的高校毕业生,参加了基本养老保险的,今后考录或招聘到国家机关、事业单位工作,其缴费年限可合并计算为工龄。

(四)探索建立高校毕业生就业见习制度

为帮助回到原籍、尚未就业的高校毕业生提升职业技能和促进供需见面,地方政府要创造条件,探索建立高校毕业生见习制度。地方政府有关部门可根据实际需要,联系部分企事业单位,为高校毕业生建立见习基地或提供见习岗位,安排见习指导老师,组织开展见习和就业培训,促进他们尽快就业。见习期一般不超过1年,见习期间,由见习单位和地方政府提供基本生活补助。当地有关服务机构要为这些毕业生提供免费的人事代理和就业指导等服务。

(五)逐步实行省级以上党政机关从具有 2 年以上基层工作经历的高校毕业生中考录公务员的办法

省级以上党政机关在贯彻执行党和国家的路线方针政策、指导各地区各部门开展工作方面负有十分重要的职责,需要拥有一支德才兼备、熟悉基层的高素质干部队伍。从 2006 年开始,省级以上党政机关考录公务员,考录具有 2 年以上基层工作经历的高校毕业生(包括报考特种专业岗位)的比例不得低于 1/3,以后逐年提高。对招录到省级以上党政机关、没有基层工作经历的高校毕业生,应有计划地安排其到县以下的基层单位工作 1~2 年。副省级城市党政机关考录公务员参照以上办法执行。今后在选拔县处级以上党政领导干部时,要注意从有基层工作经历的高校毕业生中选拔。

(六)加大选调应届优秀高校毕业生到基层锻炼的工作力度

选调应届优秀高校毕业生到基层锻炼,在改革、建设的第一线和艰苦的环境中了解国情、磨炼品格、增长才干是青年人才成长的重要途径,也是优化基层公务员队伍结构、提高基层干部队伍素质的有效方式。要进一步扩大选调生的规模,各省、自治区、直辖市每年都要选拔一定数量的应届优秀高校毕业生到基层工作,主要充实到农村乡镇和城市街道等基层单位。各级组织人事部门要加强对选调生的日常管理和培养,在他们到基层工作 2~3 年后,按照干部队伍四化方针和德才兼备的原则,按照有关规定,结合岗位需求,从中择优选拔部分人员任用到乡镇、街道领导岗位。今后,县级以上党政机关补充公务员,应优先从选调生中选用。

(七)实施高校毕业生到农村服务计划

目前,广大农村教育、医疗卫生、现代农业技术推广等方面的人才极其短缺,引导和鼓励高校毕业生到农村工作是促进农村发展的客观要求。各级党委和政府要重视加强农业推广服务机构和动物防疫体系的建设,搭建吸纳高校毕业生的舞台,既有利于高校毕业生就业,又有利于推动三农工作。中央和国家机关有关部门要继续做好大学生志愿服务西部计划,为西部基层教育、医疗卫生、文化、农技推广服务等公共事业的发展提供阶段性服务,要进一步落实和完善配套支持政策,丰富服务内容。各省、自治区、直辖市也要有计划地选派高校毕业生到本地区农村服务。从2005年起连续5年,每年招募2万名左右高校毕业生,主要安排到乡镇开展支教、支农、支医和扶贫工作,时间一般为2~3年,工作期间给予一定生活补贴。安排到西部地区农村中小学、医疗卫生机构和农技推广服务机构工作的高校毕业生,其生活补贴由财政安排专项经费予以支付。服务期满后,进入市场自主择业,有关部门应协助在本系统内推荐就业。在今后晋升中高级职称时,同等条件下应优先评定。对报考公务员的,可以通过适当增加分数以及其他优惠政策,优先录用。对于已被录取为研究生的应届高校毕业生到基层服务的,为其保留学籍2年;对于到西部地区和艰苦边远地区服务2年以上的高校毕业生报考研究生的,应适当给予优惠并在同等条件下优先录取。

(八)大力推广高校毕业生进村、进社区工作

要把引导和鼓励高校毕业生面向基层就业同加强基层组织建设结合起来,从2006年起,国家每年有计划地选拔一定数量的高校毕业生到农村和社区就业。到城市社区就业的,其薪酬可由所在地财政和社区共同解决。到农村就业的,可通过法定程序安排担任村党支部、村委会的相应职务,市县两级政府可给予适当的生活补贴,其人事档案由县级人事部门管理。要把这批人员作为将来补充乡镇、街道干部的重要来源。对工作2年后报考公务员的,要采取适当增加分数以及其他优惠政策,优先录用;报考研究生的,应适当给予优惠并在同等条件下优先录取。争取用3~5年的时间基本实现全国每个村、每个社区至少有1名高校毕业生的目标。

(九)加大财政支持高校毕业生面向基层就业的力度

引导和鼓励高校毕业生面向基层就业,一方面要以基层经济社会全面协调可持续发展为长远基础,另一方面要加大财政支持的力度。地方财政可根据当地实际情况和发展需要安排专门经费,用于引导和鼓励高校毕业生面向基层就业。中央财政将通过不断加大转移支付力度予以支持。

(十)为西部地区和艰苦边远地区基层单位适当增加周转编制

为缓解西部地区和艰苦边远地区基层单位急需人才与编制紧缺的矛盾,在严格控制总体编制的前提下,从2006年起连续3年,采取先进后出的办法,由组织人事部门会同编制部门每年给西部地区和艰苦边远地区的乡镇下达一部分周转编制,用于接收应届或往届高校毕业生。

(十一)实行面向基层就业的定向招生制度

根据基层的实际和需要,适当采取优惠政策,面向中西部地区生源实行定向招生,毕业后到中西部地区基层和艰苦行业就业。要严格招生管理,严格执行定向招生协议,保证招生工作公平公正,保证这部分学生完成学业后到协议单位服务。高等职业院校要以就业为导向,广泛加强与用人单位的合作,积极推行学历证书和职业资格证书制度,努力为基层培养更多的高技能人才和适应农村经济发展迫切需要的实用人才。

(十二)认真做好高校毕业生就业信息服务工作

各高校就业指导服务机构要与各级人才交流服务机构、公共职业介绍机构合作,共同加强与社会用人单位的沟通,逐步建立起统一的高校毕业生就业服务信息、网络,实现高校、省、国家三级就业网的联通和就业工作的信息化,及时发布需求信息,为高校毕业生与用人单位搭建方便、快捷、覆盖面广、资源丰富的信息平台。各级政府要统筹高校毕业生市场、人才市场和劳动力市场建设,使现有各类人才和劳动力市场实现联网贯通,加快建设统一的人才市场。当前,应在已有的市场内开设不同类别的专业市场特别是面对高校毕业生的专业市场,提高供需对接的针对性,既方便高校毕业生求职择业,也帮助用人单位选用合适的高校毕业生。

(十三)面向基层经济社会发展需要,进一步深化高等教育改革

要根据国家发展和社会需要科学规划高等学校的区域布局和层次结构,明确不同层次高校的办学宗旨和目标。要加强对高等教育发展的分析和预测,保持合理的招生规模,按照经济社会发展对人才的需求调整学科和专业设置。要加强素质教育,注重学生的技能培养和社会实践,提高毕业生适应市场和基层需求的能力。要切实加强对学生的职业发展指导,开设有关职业生涯发展辅导课程,帮助他们确立面向基层的职业意向。要把教育、指导和帮助学生面向基层就业作为高等学校的一项重要任务,大力整合校内资源,形成所有部门和教师共同关心和促进学生就业的强大合力。

(十四)加强对高校毕业生面向基层就业工作的领导

高校毕业生就业是整个社会就业的重要组成部分,涉及方方面面,是一项长期的工作任务。各级党委和政府要注意结合本地实际,明确目标任务,采取有力措施,创新工作方法,把引导和鼓励高校毕业生面向基层就业的各项政策落实到位。组织人事部门要把引导和鼓励高校毕业生面向基层就业作为人才队伍建设的一项基础工作抓紧抓好。要从政治上爱护、工作上关心在基层工作的高校毕业生,积极为他们在基层经济社会发展的各项事业中贡献才智创造条件。为引导和鼓励高校毕业生面向基层就业,中央和国家机关有关部门及各省、自治区、直辖市要建立扎根基层、建功立业优秀人才评选表彰制度。

第三节 就业服务和管理

一、就业服务的概念

就业服务是指就业服务主体为劳动者实现就业和为用人单位

招用劳动者提供的社会服务。就业服务的对象是劳动力供求双方。就业服务的主要内容包括就业登记、职业指导、职业介绍、就业前培训、失业保险、生产自救等多个方面。就业服务可以分为营利性就业服务和非营利性就业服务。

2007年10月30日,经劳动和社会保障部公布的《就业服务与就业管理规定》,对就业服务与就业管理作出了规定。

二、公共就业服务

(一) 公共就业服务机构

公共就业服务机构是县级以上人民政府。县级以上人民政府公共就业服务的职责主要包括:

(1) 培育和完善统一开放、竞争有序的人力资源市场,为劳动者就业提供服务。

(2) 鼓励社会各方面依法开展就业服务活动,加强对公共就业服务和职业中介服务的指导和监督,逐步完善覆盖城乡的就业服务体系。

(3) 加强人力资源市场信息网络及相关设施建设,建立健全人力资源市场信息服务体系,完善市场信息发布制度。

(二) 公共就业服务的内容

公共就业服务机构根据政府确定的就业工作目标任务,制订就业服务计划,推动落实就业扶持政策,组织实施就业服务项目,为劳动者和用人单位提供就业服务,开展人力资源市场调查分析,并受劳动保障行政部门委托经办促进就业的相关事务。

公共就业服务机构应当免费为劳动者提供的服务包括:

(1) 就业政策法规咨询。

(2) 职业供求信息、市场工资指导价位信息和职业培训信息发布。

(3) 职业指导和职业介绍。

(4) 对就业困难人员实施就业援助。

(5)办理就业登记、失业登记等事务。

(6)其他公共就业服务。

公共就业服务机构应当积极拓展服务功能,根据用人单位需求提供以下服务:

(1)招聘用人指导服务。

(2)代理招聘服务。

(3)跨地区人员招聘服务。

(4)企业人力资源管理咨询等专业性服务。

(5)劳动保障事务代理服务。

(6)为满足用人单位需求开发的其他就业服务项目。公共就业服务机构从事劳动保障事务代理业务,须经县级以上劳动保障行政部门批准。

1. 职业指导

职业指导是指就业服务机构为劳动者选择职业、用人单位选择劳动者和培训机构开展职业培训等,提供调查、测评、咨询、建议等服务。职业指导工作主要包括:

(1)向劳动者和用人单位提供国家有关劳动保障的法律法规和政策、人力资源市场状况咨询。

(2)帮助劳动者了解职业状况,掌握求职方法,确定择业方向,增强择业能力。

(3)向劳动者提出培训建议,为其提供职业培训相关信息。

(4)开展对劳动者个人职业素质和特点的测试,并对其职业能力进行评价。

(5)对妇女、残疾人、少数民族人员及退出现役的军人等就业群体提供专门的职业指导服务。

(6)对大中专学校、职业院校、技工学校学生的职业指导工作提供咨询和服务。

(7)对准备从事个体劳动或开办私营企业的劳动者提供创业咨询服务。

(8)为用人单位提供选择招聘方法、确定用人条件和标准等方面的招聘用人指导。

(9)为职业培训机构确立培训方向和专业设置等提供咨询参考。

2. 专项服务

公共就业服务机构在劳动保障行政部门的指导下,组织实施劳动力资源调查和就业、失业状况统计工作。

公共就业服务机构应当针对特定就业群体的不同需求,制订并组织实施专项计划。公共就业服务机构应当根据服务对象的特点,在一定时期内为不同类型的劳动者、就业困难对象或用人单位集中组织活动,开展专项服务。公共就业服务机构受劳动保障行政部门委托,可以组织开展促进就业的专项工作。县级以上公共就业服务机构应建立综合性服务场所,集中为劳动者和用人单位提供一站式就业服务,并承担劳动保障行政部门安排的其他工作。街道、乡镇、社区公共就业服务机构应建立基层服务窗口,开展以就业援助为重点的公共就业服务,实施劳动力资源调查统计,并承担上级劳动保障行政部门安排的其他就业服务工作。

3. 人力资源市场信息服务

县级以上劳动保障行政部门和公共就业服务机构应当按照劳动保障信息化建设的统一规划、标准和规范,建立完善人力资源市场信息网络及相关设施。

公共就业服务机构应当逐步实行信息化管理与服务,在城市内实现就业服务、失业保险、就业培训信息共享和公共就业服务全程信息化管理,并逐步实现与劳动工资信息、社会保险信息的互联互通和信息共享。

公共就业服务机构应当建立健全人力资源市场信息服务体系,完善职业供求信息、市场工资指导价位信息、职业培训信息、人力资源市场分析信息的发布制度,为劳动者求职择业、用人单位招用人员以及培训机构开展培训提供支持。

县级以上劳动保障行政部门应当按照信息化建设统一要求,逐步实现全国人力资源市场信息联网。其中,城市应当按照劳动保障数据中心建设的要求,实现网络和数据资源的集中和共享;省、自治区应当建立人力资源市场信息网省级监测中心,对辖区内人力资源市场信息进行监测;劳动保障部设立人力资源市场信息网全国监测中心,对全国人力资源市场信息进行监测和分析。

公共就业服务机构不得从事经营性活动。公共就业服务机构举办的招聘会,不得向劳动者收取费用。

4. 就业援助

就业援助对象包括就业困难人员和零就业家庭。就业困难对象是指因身体状况、技能水平、家庭因素、失去土地等原因难以实现就业,以及连续失业一定时间仍未能实现就业的人员。零就业家庭是指法定劳动年龄内的家庭人员均处于失业状况的城市居民家庭。对援助对象的认定办法,由省级劳动保障行政部门依据当地人民政府规定的就业援助对象范围制定。

公共就业服务机构应当制订专门的就业援助计划,对就业援助对象实施优先扶持和重点帮助。

就业困难人员和零就业家庭可以向所在地街道、社区公共就业服务机构申请就业援助。经街道、社区公共就业服务机构确认属实的,纳入就业援助范围。

公共就业服务机构应当建立就业困难人员帮扶制度,通过落实各项就业扶持政策、提供就业岗位信息、组织技能培训等有针对性的就业服务和公益性岗位援助,对就业困难人员实施优先扶持和重点帮助。在公益性岗位上安置的就业困难人员,按照国家规定给予岗位补贴。

公共就业服务机构应当建立零就业家庭即时岗位援助制度,通过拓宽公益性岗位范围,开发各类就业岗位等措施,及时向零就业家庭中的失业人员提供适当的就业岗位,确保零就业家庭至少有一人实现就业。街道、社区公共就业服务机构应当对辖区内就业援助对象进行登记,建立专门台账,实行就业援助对象动态管理和援助责任制度,提供及时、有效的就业援助。

三、职业中介服务

职业中介机构,是指由法人、其他组织和公民个人举办,为用人单位招用人员和劳动者求职提供中介服务以及其他相关服务的经营性组织。政府部门不得举办或者与他人联合举办经营性的职业中介机构。

从事职业中介活动,应当遵循合法、诚实信用、公平、公开的原则。禁止任何组织或者个人利用职业中介活动侵害劳动者和用人单位的合法权益。

(一)设立职业中介机构的条件

职业中介实行行政许可制度。设立职业中介机构或其他机构开展职业中介活动,须经劳动保障行政部门批准,并获得职业中介许可证。设立职业中介机构应当具备下列条件:

(1)有明确的机构章程和管理制度。
(2)有开展业务必备的固定场所、办公设施和一定数额的开办资金。
(3)有一定数量具备相应职业资格的专职工作人员。
(4)法律、法规规定的其他条件。

(二)设立职业中介机构的程序

1. 申请

设立职业中介机构,应当向当地县级以上劳动保障行政部门提出申请,提交下列文件:

(1)设立申请书。
(2)机构章程和管理制度草案。
(3)场所使用权证明。
(4)注册资本(金)验资报告。
(5)拟任负责人的基本情况、身份证明。
(6)具备相应职业资格的专职工作人员的相关证明。
(7)法律、法规规定的其他文件。

2. 受理与审批

劳动保障行政部门接到设立职业中介机构的申请后,应当自受理申请之日起 20 日内审理完毕。对符合条件的,应当予以批准;不予批准的,应当说明理由。经批准获得职业中介许可证的职业中介机构,应当持许可证向工商行政管理部门办理登记。

未经依法许可和登记的机构,不得从事职业中介活动。

(三)职业中介机构的业务范围

职业中介机构可以从事下列业务:

(1)为劳动者介绍用人单位。

(2)为用人单位和居民家庭推荐劳动者。

(3)开展职业指导、人力资源管理咨询服务。

(4)收集和发布职业供求信息。

(5)根据国家有关规定从事互联网职业信息服务。

(6)组织职业招聘洽谈会。

(7)经劳动保障行政部门批准的其他服务项目。

(四)职业中介机构的管理

职业中介机构应当在服务场所明示营业执照、职业中介许可证、服务项目、收费标准、监督机关名称和监督电话等,并接受劳动保障行政部门及其他有关部门的监督检查。

职业中介机构应当建立服务台账,记录服务对象、服务过程、服务结果和收费情况等,并接受劳动保障行政部门的监督检查。

职业中介机构提供职业中介服务不成功的,应当退还向劳动者收取的中介服务费。

职业中介机构租用场地举办大规模职业招聘洽谈会,应当制订相应的组织实施办法和安全保卫工作方案,并向批准其设立的机关报告。

职业中介机构应当对入场招聘用人单位的主体资格真实性和招用人员简章真实性进行核实。

职业中介机构为特定对象提供公益性就业服务的,可以按照规定给予补贴。可以给予补贴的公益性就业服务的范围、对象、服务效果和补贴办法,由省级劳动保障行政部门会同有关部门制定。

职业中介机构不得从事的行为有:不得提供虚假就业信息;不得发布的就业信息中包含歧视性内容;不得伪造、涂改、转让职业中介许可证;不得为无合法证照的用人单位提供职业中介服务;不得介绍未满16周岁的未成年人就业;不得为无合法身份证件的劳动者提供职业中介服务;不得介绍劳动者从事法律、法规禁止从事的职业;不得扣押劳动者的居民身份证和其他证件,或者向劳动者收取押金;不得以暴力、胁迫、欺诈等方式进行职业中介活动;不得超出核准的业务范围经营;不得有其他违反法律、法规规定的行为。

思考题

(1)面对当前就业形势,作为大学生应该从哪些方面努力才能顺利就业?

(2)怎样树立正确的择业观?

(3)怎样理解公平就业与反就业歧视的含义?

(4)怎样理解国家的促进大学生就业政策?

第五章

择业心理准备与调适

择业是高职大学生人生道路上的一次重大选择,将会遇到比以往任何时候都重要的选择、复杂的矛盾和深深的困惑,如果没有良好的心理素质,高职大学生在择业期间就不能保持良好的心态,在遇到困惑时就不能适时调整自己的行为,就不能实现顺利就业。因此,高职大学生应该了解心理素质的有关知识,进而培养自己良好的心理素质,才能在瞬息万变的复杂的社会环境中游刃有余,在事业上大展宏图,实现自己的社会价值。

第一节 大学生就业心理素质

一、心理素质的概念

心理素质是指人在认知、情绪情感、意志、性格、自我意识、价值观及社会交往与适应能力等方面的素养。它是在环境的熏陶下,个体经过长期的修养、逐步内化出的一种心理结果。

个体心理素质的水平直接影响着个体的自身发展、活动效率及对各种环境变化的适应。

二、良好心理素质的标志

我国学者王登峰、张伯源在《大学生心理卫生与咨询》一书中,根据各方面的研究结果,归纳整理,提出了八条心理健康的指标,即良好心理素质标志,比较具有代表性,具体内容如下。

(1) 了解自我,接纳自我。一个心理健康的人能体验到自己的存在价值,既能了解自己,又接受自己,有自知之明,即对自己的能力、性格和优缺点都能作出恰当的、客观的评价;对自己不会提出苛刻的、非分的期望与要求;对自己的生活目标和理想也能定得切合实际,因而对自己总是满意的;同时,努力发展自身的潜能,即使对自己无法弥补的缺陷,也能安然处之。一个心理不健康的人则缺乏自知之明,并且总对自己不满意;由于所定目标和理想不切实际,主观和客观的距离相差太远而总是自责、自怨、自卑;由于总是要求十全十美,而自己却又总是无法做到完美无缺,于是就总是同自己过不去;结果是使自己的心理状态永远无法平衡,也无法摆脱自己感到面临的心理危机。

(2) 接受他人,善与人处。具有良好心理素质的人乐于与人交往,不仅能接受自我,也能接受他人,悦纳他人,能认可别人存在的重要性和作用。同时他也能为他人所理解,为他人和集体所接受,能与他人相互沟通和交往,人际关系协调和谐;在生活的集体中能融为一体,既能在与挚友同聚之时共享欢乐,也能在独处沉思之时而无孤独之感;在与人相处时,积极的态度(如同情、友善、信任、尊敬等)总是多于消极的态度(如猜疑、嫉妒、畏惧、敌视等)。因而在社会生活中有较强的适应能力和较充分的安全感。一个心理不健康的人,总是与集体,与周围的人们格格不入。

(3) 正视现实,接受现实。心理健康的人能够面对现实,接受现实。并能能动地区适应现实,进一步地改造现实,而不是逃避现实;对周围事物和环境能作出客观的认识和评价,并能与现实环境保持良好的接触;既有高于现实的理想,又不会沉湎于不切实际的幻想与奢望。同时对自己的力量有充分的信心;对生活、学习和工作中的各种困难和挑战都能妥善处理。心理不健康的人往往以幻想代替现实,而不敢面对现实,没有足够的勇气去接受现实的挑战;总是抱怨自己"生不逢时"或责备社会环境对自己不公而怨天尤人,因而无法适应现实环境。

(4)热爱生活,乐于工作。心理健康的人能珍惜和热爱生活,积极投身于生活,并在生活中尽情享受人生的乐趣,而不会认为是重负。他们还在工作中尽可能地发挥自己的个性和聪明才智,并从工作的成果中获得满足和激励,把工作看做是乐趣而不是负担。同时也能把工作中积累的各种有用的信息、知识和技能存储起来,便于随时提取使用,以解决可能遇到的新问题,克服各种各样的困难,使自己的行为更有效率,工作更有效率。

(5)能协调和控制情绪,心境良好。心理健康的人愉快、乐观、开朗、满意等积极情绪总是占优势的,虽然也会有悲、忧、愁、怒等消极情绪体验,但一般不会太长久;同时能适度地表达和控制自己的情绪,喜不狂,忧不绝,胜不骄,败不馁,谦而不卑,自尊自重,在社会交往中既不妄自尊大,也不退缩畏惧;对于无法得到的东西不过于贪求,争取在社会允许范围内满足自己的各种需要;对于自己得到的一切感到满意,心情总是开朗的、乐观的。

(6)人格完整和谐。具有良好心理素质的人,其人格结构包括气质、能力、性格和理想、信念、动机、兴趣、人生观等各方面能平衡发展。人格作为人的整体精神面貌能够完整、协调、和谐地表现出来;思考问题的方式是适中和合理的,待人接物能采取恰当灵活的态度,对外界刺激不会有偏颇的情绪和行为反应;能够与社会的步调和拍,也能和集体融为一体。

(7)智力正常,智商在80分以上。智力正常是人正常生活最基本的心理条件,是心理健康的重要变准。智力是人的观察力、记忆力、想象力、思考力和操作能力的综合。一般常用智力测验来诊断智力发展的水平。智商低于70者为智力落后。

(8)心理行为符合年龄特征。在人的生命发展的不同年龄阶段,都有相对应的不同的心理行为表现,从而形成不同年龄阶段独特的心理行为模式。心理健康的人应具有与同年龄多数人项符合的心理行为特征。如果一个人的心理行为经常严重偏离自己的年龄特征,一般是心理不健康的表现。

三、心理素质对大学生择业的影响

(1) 对确立择业目标的影响。择业时高职大学生走向社会、服务社会的需要。择业中的首要问题时确立择业目标。心理素质对确定择业目标起着重要作用。它决定求职者能否客观、正确地分析自我、认识自我。如所学专业、思想修养、能力特长、兴趣爱好等;能否客观、正确地分析用人单位的需要和社会需要;能否将个人利益与国家利益,个人理想与社会需要有机结合起来;能否在择业的坐标中找到自己准确的位置。

(2) 对择业过程的影响。择业是选择与被选择的过程,是学生施展才华、叩开职业大门的过程。也是用人单位评判、筛选学生的过程。大学生在择业中,将会遇到自荐、面试、笔试、竞争等一系列的考验,也将会遇到专业与爱好、专业与效益、专业与地域、地域与家庭之间的一些矛盾。能否顺利地接受这些考验,能否果断地处理这些矛盾,心理素质起着重要作用。良好的心理素质,可使人在面对考验和矛盾时,做到镇定自若、乐观向上、不怕挫折、勇于创新、缜密考虑、果断决策。心理素质良好的学生,面对择业无论成功与否,都能及时进行情绪的自我调整,正确支配自己的感情和行动,能对外界刺激作出符合社会行为规范的反应。特别是在不成功时,更能有效地克制自己,调整自己的心境,尽快摆脱消极情绪的影响,避免情绪过度波动,以便及时总结经验,另辟蹊径。

(3) 对实现择业目标的影响。良好的心理素质对择业目标的实现起着促进和保障作用,可使求职者充分发挥自己的聪明才智,挖掘自己的潜力,综合自己的优势,扬长避短,不懈努力,从而找到最能施展自己才华的舞台。

四、如何具备良好的心理素质

心理素质既然对高职大学生就业、职业适应、职业成就具有重要的影响,大学生理应具备良好的心理素质。就高职大学生自身来说,应从以下几个方面入手,努力培养良好的心理素质。

(1)掌握知识、开发智力。知识是人类社会实践中积累的经验,是前人与他人运用自己的智力认识世界的成果。掌握知识,用社会需要的知识丰富自己,才能见多识广,高瞻远瞩,才能有助于提高心理素质水平。

高职大学生一方面要用丰富的、全面的、先进的知识武装自己,另一方面要加强社会实践知识的学习,在实践中汲取营养,使自己所学的知识能够在社会实践中得到检验和运用。只有这样,才能适应高科技高速度发展的社会对从业人员的要求,也只有这样,才能保证自己在社会中有立足之地。

智力和知识密不可分。智力是通过学习活动在掌握知识技能的基础上发展起来的,但它反过来影响知识技能的掌握。智力的一个主要表现就是学习知识、运用知识的能力,不学习知识,就不可能有智力的发展。

(2)培养优良的非智力因素。非智力因素是心理素质的重要组成部分,它主要指个体的情绪、意志、人格等因素。非智力因素与成就关系密切,与创造能力关系密切,并在成就与创造活动中起着重要作用。特别是受过高等教育的高职大学生,理应成为具有优良非智力因素的优秀人才。

优良的非智力因素包括良好的价值观、良好的情绪、情感、良好的意志、良好的性格和积极的价值观。高职大学生应增强兴趣的广度,培养中心兴趣,善于控制和调整消极情绪、情感,引导情绪和情感变成巨大的热情和力量;培养意志的自觉性、果断性、自制力和坚韧性,并培养自信自强、正直坦率、谦虚谨慎、敢于开展批评和自我批评、敢于追求真理的性格,将价值走向与自身成才联系起来,与崇高的人生目标联系起来;防止盲目从众,盲目趋新,盲目选择,应树立积极的价值观。

(3)维护和增强心理健康。心理健康,是指个体在各种环境中能保持一种良好的心理状态。人在生活实践中,要不断地与外界环境,如自然环境、社会环境发生关系,相互作用,接受环境的影响并反作用于环境,以取得与外界环境的平衡与协调。同时,还能随环境条件的变化而不断调整自己的内部心理结构以达到与外界的新平衡。

作为高职大学生应采取科学的方法和手段来增强和维护自身心理健康:一是要了解自己,接纳自己;二是要避免过度的情绪,生活中尽量避免大喜大悲、大起大落的情绪;三是当有不良情绪时,要采用一定的方式进行疏泄,疏泄的方式可以因人而异,有他助疏泄、眼泪缓解法、活动发泄、注意转移法、放松练习等方法。

第二节 大学生求职就业过程中常见的心理问题分析

随着就业竞争的日趋激烈和择业问题的复杂化,大学生在择业过程中,不可避免地会遇到各种困难、挫折和冲突,由此导致一些心理矛盾和心理问题的产生。

一、大学生求职择业常见的心理矛盾

(一)心理矛盾概念

心理矛盾也可以理解为心理冲突,是指人在面对两种或两种以上不同方向的动机、欲望、目标和反映同时出现时,由于莫衷一是而引起的紧张心理状态。心理冲突是心理失衡的重要原因。

(二)大学生择业过程中的心理矛盾

面对择业,学生的心理是复杂而多变的。他们的喜悦和忧虑交织,渴望和恐惧相煎,既有积极心态,又有消极心态,这两种不同的心态使学生出现种种心理矛盾。主要表现在以下几个方面。

1. 有远大的理想,但往往不能正视现实

"人往高处走,水往低处流。"追求美好是人的自然本性。经

过几年的大学生活,大学生的知识、能力等有了质的变化,大学生在择业中就表现得踌躇满志,信心十足。由于他们接触社会较少,心中所想往往与客观现实相距甚远,很多大学生都想成为企业家、老板、经理,但它们在学校时没有相应的工作经历,也没有在选择职业时进行专门的职业测试,其知识、能力、性格、爱好、气质等客观条件和他们理想中的职业存在着差距,导致理想的自我膨胀和现实的自我萎缩的矛盾产生,造成他们在择业上的困难。

2. 注重眼前实际,但又怕失去美好前程

大学生在择业时常常遇到这样的问题:有些单位目前很好,但是并不适合自己,特别是不适合自己的长远发展;有些单位目前不太好,但是却能为自己的长远发展提供展示才华的舞台。面对这种情况,有些大学生不知如何是好,如果考虑到将来,就得牺牲眼前现实,而选择一个自己并不满意的单位;如果考虑到眼前,就要放弃难以把握但却美好的未来前程。

3. 想做一番事业,但缺乏艰苦创业的心理准备

在择业时,大多数学生都愿意从所学专业出发选择将来的职业,准备干出一番事业,实现自己的人生理想,而不想庸庸碌碌,无所作为。但是,大学生往往缺乏艰苦创业的心理准备,在现实中比较缺乏吃苦精神,总想走捷径,达到一步登天、一举成名、一蹴而就的效果。在当前就业形势下,西部、艰苦和边远地区缺乏人才,大学生也想干一番事业,正是由于这种择业心理矛盾,使得绝大多数学生也想干一番事业,正是由于这种择业心理矛盾,使得绝大多数学生宁可选择留在大城市没有工作,也不愿去西部、艰苦或边远地区成就自己的事业。

4. 有较强的自我意识,但缺乏把握自我的能力

大学生阶段,大学生的自我意识日趋完善,对自我的存在及意义有了明确的认识。在择业中,他们已经意识到自己已作为一个人才将被社会使用,将为社会贡献自己的聪明才智;同时,他们也要求社会能够承认"自我意识中的我",并以此为标准进行择业。

另一方面,由于大学生的人生观、价值观尚未最终定型,再加上社会大环境的影响,他们往往不能客观地分析和评价自我。多数大学生对自己的评价偏高,时常产生自我欣赏、自我陶醉的心态。择业时期望值过高,缺乏承受挫折的心理准备。少数学生自我评价过低,时常产生自卑自贱、自怨自艾的心态,择业时期望值过低,缺乏主动争取和利用机遇的心理准备。也有少数大学生常常在上述两种情况波动中就业,择业时往往出现目标不清晰、定位不准确,缺乏理智、冷静的状态。由于自我认识能力不足,继而在调整自我功能、实现自我驾驭方面显得不足。

5. 心理渴望竞争,但缺乏敢于竞争的勇气

就业制度的改革,为大学生的择业提供了更为公开、公正、公平的竞争环境。大学生经过学习和实践,自己已经很清楚地认识到,在市场经济条件下的就业环境中,竞争是必然的。他们希望通过竞争,展示自己的风采,在竞争中取胜。但是,当他们真正面对来自各个方面的竞争时,又表现得顾虑重重,害怕在竞争中失败、丢面子,害怕在竞争中伤和气,害怕受不正之风影响败北等,把自己不敢竞争的原因归于外界,从不自身找原因,逃避竞争。特别是在择业中遇到困难时,不善于调整目标、调整自我,进而导致压力重重,失去竞争的勇气。

6. 鱼和熊掌,都想兼得,但难以决断

大学生在择业过程中,往往会遇到多种选择的冲突。每种选择都各有千秋,比如当公务员待遇稳定,但收入不很高;经商收入高但不稳定;留在原籍人际关系熟悉,但缺乏挑战和新鲜感,去外地有新鲜感但是人生地不熟等,这些都是大学生在择业中经常遇到的难以决断的问题。

二、大学生求职择业过程中的常见心理误区

心理误区是指人在心理上特别是在认识和人格上陷入无出路而又不能自拔的境地,且本人对此又缺乏意识的状态。高职大学生在求职择业中的常见的心理误区有:

1. "盲目攀比，强求平衡"的误区

有些高职毕业生择业时不是根据自己的爱好、所学的专业、水平和能力等实际情况进行选择，而是观看和打听别的同学往哪里签或到哪里去，他也就往哪里挤，也不管对自己有利没利。有的毕业生看到别的同学找的单位好，自己就非要找一个和他一样或比他好的单位，不然心里就不平衡。结果是不从实际出发，延误了最佳择业时机。

【小故事】

约翰·法伯是法国伟大的自然科学家，他曾利用毛虫做了一次不寻常的试验。这些毛虫总是盲目的跟着前面的毛虫走，所以它们又叫游行毛虫。约翰很小心地安排它们围着花瓶的边缘走成一个圆圈。花瓶周围不远的地方，撒了一些毛虫最喜欢吃的松针。毛虫开始绕着花瓶游行，它们一圈又一圈地走，一个小时又一个小时过去了，一天又一天，它们一直围着花瓶团团转，最终因饥饿和筋疲力尽而死去。

从上面的试验中可以看到：虽然游行毛虫旁边就有丰富的食物，最终却是被饿死了，其原因就在于盲目随大流，而缺少主见，缺少自己的判断与选择。人何尝不是如此，随大流、绕圈子、瞎忙空耗，皆因缺乏人生目标。

2. "急功近利，讲求实惠"的误区

有的学生找工作，首先关注的是报酬多少，工资待遇如何。他们的观点是"管他专业对口与否，挣钱第一"，"前途前途，有钱就图"，"先挣钱，后搞专业"。对用人单位最关注的是"工资高不高，奖金发不发，位子有没有，名声好不好"，在与用人单位洽谈时，首先问及的是该单位效益怎样，奖金多少。部分毕业生对工资高、效益好的热门行业抱很大的希望，甚至专业不对口也在所不惜。在选择企业时，"大、名、公、外"即"大企、名企、公务员、外企"仍是毕业生的首选目标。据某职业顾问调查显示，目前大学毕业生中，多数人更愿意到政府机关工作，占37.5%；选择到私企、外企工作，占 32.1%；选择到大型国企工作，占 22.9%；选择自己开公司的占 7.5%。这就导致了毕业生就业难。

3."过于理想，不切实际"的误区

有的毕业生是独生子女，被溺爱娇惯，就业不愿到艰苦、边远地区去，把目标锁定在大中城市或家乡门口；有的观念陈旧，不愿到集体、股份和个体私营工厂企业去。有的总想环境好一点，工资高一点，工作轻松一点，最好还把女朋友一块带上等，把方方面面的因素都考虑进去，如果哪个条件达不到，就不愿去。还有些毕业生考大学前就对五彩缤纷的大都市神往已久，毕业时更是初衷不改，下定决心一定要留在大城市。在他们看来，沿海可以挣大钱，到大城市一定会有更多的发展。他们宁肯到沿海或大城市该行，也不愿意到当地或边远地区就业，抱着"宁要大城市一张床，不要边远地区一套房"。他们很少考虑自己事业的发展和能力的发挥，更少考虑国家的需要。实际上，现在大城市很多行业已经人满为患，已无机会可言，而一些边远地区却急需要人才，反而机会更多。

【小故事】

适合自己的，才是最好的。

池塘里的青蛙十分向往大海，大鳖说："我带你去吧，那里不知比这里好多少呢。"青蛙第一次见到了大海，惊叹不已，急不可待地扑进大海的怀抱，却被一个海浪打回海滩，摔得晕头转向。大鳖见状，便叫青蛙趴在自己的背上，背着他向海里游去。

青蛙逐渐适应了大海，能自己游上一会儿。过一阵儿，青蛙渴了，但它喝不下又苦又咸的海水；它也有些饿了，却怎么也找不到一只可以吃的虫子。青蛙对大鳖说："大海的确很好，但以我的身体条件，不能适应海里的生活。看来，我还是要回到我的池塘里去，那里才是我的乐园。"

这个故事给了我们深刻的启示：只有适合自己的，才是最好的。因此，作为二十一世纪的大学生，在择业时首先应考虑的是所选择的工作与自己的实际情况是否项符合，而不要好高骛远，过于理想化,以免耽误最佳就业机会。

【案例】

李新是一个本科生,大学里学的是令人羡慕的国际贸易,曾梦想做个走遍世界的大牌商人,毕业后认为到北京更有发展,更能"与世界接轨",于是,放弃了父母为其找好的工作,与同学结伴来到北京。北京的工作机会果然多极了,但找工作的人也是数不胜数。刚开始,李新和同学比赛要找到一个更接近理想的单位,一个多月过去了,简历投出20多份,有回音的只有两份,面试后又无音信。面对着强手如林的职场,眼花缭乱的招工单位,李新可真着急了。难道找工作真这么难吗?当初那么令大家羡慕、父母骄傲的专业就这样被冷落了吗?回到家乡,如何面对江东父老?不回家在北京接着漂到什么时候?

点评:其实李新德问题就出在理想太远大,现实太残酷,理想与现实的差距是一条不可逾越的鸿沟。要想做大牌,首先做小卒。大牌是理想和梦想,离我们有如太空般的遥远,小卒才是目前的合理选择,这是让你先生存下来的现实。认识到自己刚刚毕业,没有商场实战的能力和经验,所以不要太过理想化。否则,就是水中捞月、雾里看花。

4."走向极端"的误区

有的学生对当前就业工作的形势了解不够,对有关政策规定认识不清,在找工作时,缺乏正确的态度和科学的精神。一种是要么不加考虑,害怕找不到工作,急急忙忙地见单位就签,结果签了后,又后悔莫及。另一种是盲目乐观、过于自信,在找单位时,总想一次就找一个最好的单位,所以总是不停地挑选,总希望还能有更好的,结果一次次失去良机,最后还是耽搁良机了。

三、大学生求职过程中常见的心理障碍

(一)心理障碍的定义

心理障碍是指一切不健康的心理现象或倾向,它是由心理压

力和心理承受力相互作用,使人失去了应有的心理平衡的结果。近几年,由于高校毕业生人数在不断增多,对于高职学生来说就业压力不断增大,如果不及时调整,就会出现心理障碍或心理疾病。从有关研究和报道来看,高职毕业生中出现心理问题的大多与就业压力有关。

(二)求职过程中常见的心理障碍

大学生在求职择业中出现的心理障碍主要有以下几种。

1. 自卑心理

自卑是一种缺乏自尊心、自信心的表现,自卑常和怯懦、依赖等心理交织在一起。它使一些学生悲观失望、忧郁孤僻、不思进取,阻碍了学生自身聪明才智的正常发挥。

高职生在求职时,对自己的弱项有自知之明是明智的,因为这有助于避开自己不擅长的工作。但是过度自卑则是对自己的潜能优势缺乏了解,从而缺乏自信心。还会产生精神不振、消极厌世、沮丧、失望、孤寂、脆弱等心理现象,久而久之还可能导致自卑型问题人格发生。部分毕业生在求职过程中过低地估价自己,总是自惭形秽,觉得自己不如别人,这种自卑的心理导致他们缺乏竞争勇气和自信。还有的毕业生在择业过程中自己拿不定主意,犹豫、退缩、信心不足,对自己能胜任的工作不敢说"我能行",而总是"试试看",当遇到几次求职挫折后,更是萎靡不振,自我封闭。在求职时畏首畏尾,容易给人以无法胜任工作的印象。

【案例】

小佳是个腼腆的女孩,每次去应聘,都是输在面试上,见了面试官,如履薄冰,手脚不知往哪放,头不敢抬,眼睛也不看人,低着头在那等过关,本来平时都回答上来的问题,这时脑子一片空白,还出现所答非所问的现象,回来后又懊恼不已,自惭形秽。越是这样,就越是严重影响下次面试的心态,产生自卑心理,形成恶性循环,慢慢失去了信心。

分析:小佳的问题是个心理问题,属于自卑畏怯、信心不足、蛇咬怕绳、心态不佳问题。所以第一步要解决她的心态问题,要让她充满信心去参加面试。要有一个好的心态,心态决定思维,思维决定行动,行动改变结果,结果构成命运。

在激烈的择业竞争中,这种心理障碍是走向成功的大敌,必须认真加以克服。其实,心理上的最大障碍是自己,阻碍成功的最大敌人也是自己。不要一想到自己要在主考官面前说话,就开始想象负面的结果,就会怯场。

要消除自卑心理,至关重要的是要能够正确地评价自己,纠正过低的自我评价。人贵有自知之明,自知不仅表现为知道自己的短处,也表现为了解自己的长处。马克思十分赞赏一句名言:"你所以感到巨人高不可攀,只是因为自己跪着,不信你站起来试一试,你一定能发现,自己并不比别人矮一截。许多事情别人能做到的,你经过努力一样能做到"。

因此,正确评价自己,是建立自信、消除自卑的有效方法;其次,正确对待自己的弱点和缺陷,并积极进行补偿。积极补偿的方法有"以勤补拙"、"扬长补短"等;再次,要克服自卑感还必须学会恰如其分地表现自己的才能。比如,学会如何平静地与人交谈,如何接近陌生人,如何同别人握手寒暄,如何进行开场白、如何使谈话继续和终止等技巧等;最后,克服自卑,除了正确看待客观现实,还要努力克服自身的心理弱点,如采取有效的方法摆脱紧张、焦急、忧虑等不良情绪,培养乐观自信和积极的生活态度。

2. 焦虑

焦虑是心理冲突或挫折而引起的,是一种复杂情绪的反应。主要表现为恐惧、不安、忧虑及某些生理反应。轻度的焦虑,人皆有之,是正常的。适度的焦虑,使人产生一种压力感,迫使人积极努力。过度的焦虑,则会干扰人的正常活动,易导致较严重的心理障碍或疾病。

毕业前夕,一部分学生心理问题表现为过度焦虑。有关研究表明,引起毕业生焦虑的问题主要是:自己的理想能否实现;能否找到一个适合自己专业特长又条件优越的单位;用人单位能否选中自己;屡屡被用人单位拒之门外怎么办;自己看中的单位,父母、恋人不赞同怎么办;选择单位失误,造成"千古恨"怎么办;到单位后不能胜任工作怎么办等。这种种对未来不能确定事情的担忧,使高职大学生在求职择业过程中会出现焦虑和烦躁不安甚至恐惧的心理。就业过程中的过度焦虑,如不能在一定时间内化解,则会严重影响学生主观能动性的发挥,给求职带来不必要的困难,甚至造成择业失败。

在高职生择业中焦虑心理的一种特别表现就是急躁。在职业未最终确定以前,毕业生普遍都有急躁心理。他们恨时间过得太慢,怨用人单位优柔寡断;他们希望谈判桌前就一锤定音,希望无需经过周折就能如愿以偿。急躁心理还反映在选择单位上,在对用人单位信息掌握较少或不完全了解用人单位的工作性质的情况下,他们就匆匆签约,而一旦发现未能如愿,又后悔莫及。尤其是在规定的期限内未落实单位的一些学生,心理更为急躁。急躁是一种不良心境,和冷静是对立的。急躁时,缺乏自我控制,过于急躁,会导致事倍功半甚至事与愿违。所以,高职生在求职中一定要克服焦虑、急躁的心理。

要克服焦虑、急躁的心理,就需要打破事事求稳、求顺的想法,增强竞争意识。而且,有竞争必定会有风险和失败,确立了竞争意识,就不怕风险和挫折,焦虑的心理必定得到缓解或克服。同时,毕业生还应克服自己择业心切、急于求成的思想,否则越急越容易择业失败,而失败的体验又会强化沮丧和焦虑的情绪。因此也要客观地分析自己,合理地设计求职目标,不要盲目与他人攀比,更不应有从众心理,这样尽量减少挫折,也会减轻焦虑的程度。

此外,还可以采用合理的情绪宣泄和放松的方法来减轻焦虑。宣泄,是指将自己的忧虑向朋友、老师倾诉,一吐为快,甚至也可以在亲友面前痛哭一场。但是,宣泄一定要注意场合、身份、气氛,注意适度,应是无破坏性的。

至于放松,则有很多种方法,如冥想放松法,它是让放松者发

挥自我想象和自我暗示的能力,来达到放松的目的。具体做法是:

(1)找一件真实的物件,例如橘子。凝视手中的橘子,反复仔细观察它的形状、颜色、纹理脉络;然后用手触摸它的表面质地,看是光滑还是粗糙;再闻闻它有什么气味。

(2)闭上眼睛,回忆或回味着这个橘子都给你留下了哪些印象。

(3)放松肌肉,排除杂念,想象自己钻进了橘子里。那么,里面是什么样子?你感觉到了什么?里面的颜色和外边的颜色一样吗?然后再假想你尝了这个橘子,记住它的滋味。

(4)想象暗示自己走出了橘子的内部,恢复了原样;记住刚才橘子里面所看到的、尝到的和感觉到的一切,然后做深呼吸 5 遍,慢慢数 5 下,睁开眼睛,你会感到头脑轻松、清爽。

3.盲目自信心

高职生择业时的盲目自信是指对主客观条件的估量不够准确,不能正确评价自己的素质和条件,过高估计自己的知识和能力水平,但却眼高手低,反而给用人单位留下浮躁、不踏实的印象,造成择业困难。有的同学认为自己在择业中具备种种优势:学习成绩优秀、政治条件好、专业需求旺、求职门路广,因而盲目自信,择业胃口吊得很高,挑来挑去挑花眼,心里容易产生得意、焦虑、傲慢、浮躁等情绪,在面试中流露出一副咄咄逼人、非我莫属的模样。殊不知,对于急功近利、洋洋得意的人,考官往往很反感。有的毕业生一心追求大城市、高报酬、条件好的单位,而不顾自己的专业或自己的某些缺陷是否适合这一行业。结果往往自己的优势是用人单位所不需要的,而用人单位需要的工作经验等要求又不具备,到头来往往会由于对自己优势估计过高,对自己的劣势估计不足而在择业中受挫。

高职生求职时不能没有自信,但是自信过了头,就成了自负。自负的人不能客观看待自己的优势,夸大了自己的优势,因此当心目中的高目标不能得到满足时,便会产生失望、挫折的心理。克服盲目自信的核心是正确认识和评价自我。

4. 依赖心理

依赖心理的实质是缺乏信心,自己放弃了对自己大脑的支配权。在就业过程中,高职生的依赖心理表现在缺乏主动参与意识,独立性不强,信心和勇气不足,在社会为其提供的就业机会面前心存依赖,不主动参与就业市场的竞争,不敢向用人单位展示和推销自我,依靠自身的努力去赢得竞争、赢得用人单位青睐,而是一味地依赖亲戚、朋友、社会关系给自己找门路,或依靠家长代替自己去奔波。有的毕业生自以为有某些优越的条件,依赖自己成绩很优秀或是优秀毕业生等,坐等学校落实单位。这种消极被动的求职方式与当今激烈竞争的社会现实很不合拍,毕业生最终可能错失良机。

依赖他人的帮助,毕业生有可能也会找到一份好工作,但是从长远来说,依赖的心理对毕业生的社会适应却是有害的,因为依赖的习惯会使人逐渐丧失自信、失去自我,不相信通过自己的努力会达成自己想要的目标。在当今竞争激烈的社会,自信心、自我效能感(相信通过自己的努力可以完成任务的自信程度)对于一个人的成功越来越重要。因此,要克服依赖心理,毕业生首先要充分认识到依赖心理的危害,提高自己的动手能力,不要什么事情都指望别人,遇到问题要做出属于自己的选择和判断,加强自主性和创造性。学会独立地思考问题;其次,要在生活中树立行动的勇气,自己能做的事一定要自己做,自己没做过的事要锻炼做,通过行动上不断累积的成功来强化自己动手的习惯。

5. 怯懦

怯懦是一种胆小、懦弱的性格特征。有些学生在求职择业过程中过于怯懦。在面试时不是面红耳赤,就是语无伦次、张口结舌、支支吾吾、答非所问。辛辛苦苦准备的"台词"、腹稿,一急之下,忘得干干净净。有的谨小慎微,生怕一句话说错、一个问题回答不好会影响自己在用人单位代表心目中的形象,以至于不敢说话,该表达的未表达。这些学生渴望公平,但在机遇到来时却手忙脚乱,局促不安;他们盼望竞争,然而在机遇面前却未能充分发挥自己的才能,在"自我推销"中败下阵来。这种怯懦心理多见于一些女生和性格内向或抑郁气质类型的学生中。

6. 问题行为

问题行为即违背社会行为规范的适应不良的行为。毕业前,一些学生因某些主体需要不能满足或有强度较大的挫折感,加之平日缺乏应有的品德与个性修养,可能发生各种各样的问题行为。常见的有逃课、损坏东西、对抗、报复、迁怒于人、拒绝交往、进行不良交往、过度消费、嗜烟、嗜酒等。问题行为实际是一种不正当的发泄方式,它不仅影响学生顺利择业,还可能导致严重违纪与违法。

四、学生产生心理问题的主要原因

(一) 客观原因

1. 社会原因

从社会环境看,我过经济体制正处在由计划经济向市场经济的过渡时期,产业结构调整、企事业单位减员、政府机构缩编、部队裁员,因此为大学生提供的工作岗位有限,高校在经历大幅扩张后,大学毕业人数迅速增加,但国家和社会提供的就业岗位远跟不上毕业生数量的快速增长,也无法完全满足大学毕业生的期望。这是导致高校毕业生就业难的直接原因。另一方面,部分用人单位在用人的时候盲目地追求高学历、高文凭,也是导致高职学生就业困难的一个原因。

2. 家庭原因

从家庭期望看,多数家庭对子女所寄的期望值过高。作为父母,多数希望子女毕业后能够到条件好的单位,不希望子女碌碌无为,平平庸庸。

3. 学校原因

高职院校在我国是近些年兴办的,大多数是原来的中专院校转型的学校或部分本科院校下属的一个分校。在高等职业教育方面的经验还不足,使部分院校的办学条件与高等职业院校的要求相差也比较大。如何进行专业结构、课程设置、教学内容等改革,提高师资水平,加强高校的配套发展,培养适应社会需要的人才,有效教育和引导学生转变观念和调整心态,保证他们择业活动的顺利开展,是高职院校以至全社会都值得研究和探讨的问题。但是高职院校无法在短时间内适应这种新形势、新情况,面对这样一个长期性和渐进性的发展过程,高职毕业生必然会产生各种不同的择业心理矛盾。

另外,高职院校的就业指导工作力度不够,也是高职生择业心理问题产生的外在原因。高职生面临择业时,迫切希望有人帮助他们解决择业就业过程中的种种心理适应问题,维护他们的心理健康,保持应有的心理平衡。特别是在就业制度改革不断深化、竞争激励、信息量大、思想观念发生较大变化的新形势下,高职生的上述需求更为迫切。但是,大部分高职院校在这方面开展的工作还远远不够,其力度不足以满足高职学生的实际需要。

另外,由于应试教育中比较重视文化知识的教育,不太注重学生心理素质的提升和实践能力的锻炼,导致学生在求职择业中缺乏相应的素质和技能。

(二)主观原因

1.青年期特有的心理特点

高职生毕业时一般是在22周岁左右,处在这个时期的青年,多幻想,好冲动,接受事物快,自我意识强。同时也有部分学生心理发展还不成熟、不稳定,生理与心理发展具有明显的不同步,再加上他们的知识结构不完善,每个人的生活体验又有差别等因素,因而其个性心理特征有较大差异,在求职择业中就表现出心理活动的复杂性和矛盾性。

2.社会实践经验的缺乏

学生对社会了解不多,因而在观察问题、分析问题、处理问题时,只是凭书本上讲的条条框框去生搬硬套,缺少理性的眼光。在对自我评价上,有的同学因为学到了一些专业技能,便夸夸其谈,纸上谈兵,择业时容易期望值过高,缺乏承受挫折的心理准备。也有的学生过多地看到社会的阴暗面,择业时期望值较低,有时过分依赖家长、老师,缺乏主动进取和善抓机遇的心理准备。

第三节 学生就业心理问题的自我调适

自我调适是指个体运用一定的原理和方法,主要是心理学的原理和方法,促使自己的心理和行为获得积极改变的过程。

一、调整就业期望值、树立正确的择业观

高职生在择业时,既要符合自己的职业理想,更要符合社会的实际需要。要认真考虑所学的专业和方向,了解社会对该专业的需求情况,要根据自己的职业兴趣、专业特长、实际能力、性格气质特点、家庭情况等去确定职业期望值,在择业时要以自己所长为先,择社会所需,以实现职业理想。

(一)树立勇于面对竞争的观念

"物竞天择,适者生存"是生物界生存和发展的普遍法则。在社会生活中,"优胜劣汰"已经逐渐成为历史发展的主要趋势。大学毕业生就业制度的改革,为大学生提供了公平、平等参与竞争的环境和机会。对于即将毕业或已经毕业正在谋职的大学生来说,必须强化自己的竞争意识,崇尚竞争、敢于竞争,就是在优胜劣汰这一自然法则面前,各种事物对生存权利和发展优势的争夺。竞争必然给人造成巨大压力,任何置身于竞争环境的人,总想争取胜出,避免淘汰。这种竞争可以发扬人们的自强、自立、自主的精神,调动人的内在潜力,增强工作和社会活动的能力。高职大学生在竞争过程中应主动积极进行职业准备、求职择业和自觉提高自身职业素质。

如何进行竞争呢?首先,要敢于竞争。在竞争中要克服焦虑不安、羞怯自卑、胆小怕事、优柔寡断等不良心理,提高竞争的勇气和信心,大胆与竞争对手一比高低,同时要做好遭受失败的充分思

想准备。其次,要善于竞争。在瞬息万变的人才市场竞争中,要敏锐地捕捉和收集与自己择业目标有关的需求信息,适时调整择业方向,掌握择业的技巧,果断进行决策,充分利用各种求职机会,不失时机地"推销"自己。第三,要实力竞争。择业竞争最终是实力的较量,竞争中还要注意扬长避短,发挥特长。只有从实际出发,充分考虑自己的能力水平、专业特长、性格气质、兴趣爱好、适合什么工作等,才会在择业竞争中取胜。最后,要公平竞争。不能互相拆台或相互嫉妒,要在竞争中互相学习,取长补短,通过竞争提高自己各方面的能力。

(二)树立先就业后择业的观念

打破一步到位、从一而终的旧的就业观。市场经济配置人力资源的特征是人才流动,毕业生也不必急于在短时间内找一个固定的"铁饭碗",要树立不断进取的职业流动观念,并学会在流动中发现机会、抓住机会、把握机会。随着人事代理制度的不断完善,为毕业生的流动就业创造了条件。近年来,一部分毕业生不再强求找一个固定的就业单位,而是毕业时将户口迁回生源地,把档案托管在工作地的人才交流中心,在哪里找到岗位就在哪里就业。因此大学生要树立不断进取的职业流动观念,要学会在流动中求生存、求发展。

(三)树立正确对待待业的观念

随着毕业生就业制度的改革,部分毕业生不能及时落实就业单位,出现短期待业的现象已成为不可避免的现实。

少数毕业生的短期待业属于选择性待业。出现这种现象的主要原因有以下几方面。

(1)少数毕业生就业期望值居高不下,在择业时,不但要求工作单位地区好,而且效益也要好,导致一些所谓好单位和好地区,虽人满为患却仍趋之若鹜;一些条件相对较差的单位和地区,虽求才若渴却少有人问津,使得有些毕业生错失良机,造成待业。

(2)有些毕业生对自己要求不严,学习态度不端正,学习动力不足,认为学好学坏一个样,不珍惜在校的学习机会,学业不佳,甚至不能毕业,这类毕业生在竞争中必遭淘汰。

(3)有些毕业生各方面都比较优秀,但缺乏一定的就业技巧和能力,不及时主动推销自己,暂时失去机会。如某校某专业应届的一名尖子毕业生,经校方多次推荐仍不能落实单位,原因就在于他本人被动接受推荐,不懂得如何适当推销自己。

(4)原有接收毕业生的主渠道国有企业,正在进行改革,其吸纳能力明显减弱,而部分毕业生的就业观念还没有及时转变,仍抱定只有去国有企事业单位才算就业的观点,使得就业的路越走越窄。

其次,部分毕业生待业属于结构性待业。出现这种现象的主要原因有以下几方面。

(1)人才需求高层次化。即社会对毕业生的需求层次提高,质量要求提高,数量减少,且毕业生人数逐年增加。许多用人单位只愿接收研究生、本科生,对专科生的需求不多,于是专科生就业相对较为困难。

(2)部分专业设置不科学,专业口径过窄。有的专业方向单一,与当前社会要求一专多能的复合型人才不符。如果学生本人不主动完善自己的知识体系,培养自己的综合素质,也将造成毕业生就业困难。

(3)学校招生与毕业生就业未能很好地结合起来。学科之间、专业之间发展不平衡。部分专业如文史哲、地质等专业供应量明显高于需求量。因而造成这些专业学生的就业困难。针对上述情况,一方面需要高校必须主动适应社会的需要,调整培养层次,改善专业结构,提高培养质量;另一方面也需要社会用人单位按照科学合理的人才结构配置来决定需求层次,尽量避免不顾实际需要而对人才层次盲目攀高的倾向。与此同时,同样需要大学生在观念上必须适应新的情况并做出相应的调整。

双向选择的就业模式,增加了毕业生和用人单位的选择自主权,同时也难免出现毕业生想去的单位进不去,用人单位想要的毕业生要不来的现象。因此,每年全国几百万毕业生,其中有少数毕业生一时落实不到岗位是很正常的现象。不管是何种原因造成的暂时性待业,我们都应该正确对待。

(四)树立自主创业和终身学习的观念

自主创业是指毕业生不参加传统意义上的就业,通过采取单干、合伙等方式创办公司或其他企事业单位,从事技术开发、科技服务以及其他经营活动来创造就业岗位,并依法获得劳动报酬的就业方式。自主创业给最具创造力和活力的大学生提供了就业和深造以外的"创新之路"。诚然,自主创业具有一定的风险,但是,随着我国政治、经济、文化和高等教育制度的不断改革,自主创业将是一个必然趋势。国家提倡发展私营经济,鼓励自主创业,而作为先进生产力的代表之一的大学毕业生更是应该成为自主创业、努力创造就业岗位的领头羊。

大学生在求职择业乃至以后的职业生涯中,必须牢固地确立终身学习的观念。这是因为:当今社会飞速发展,现代职业的变化也是日新月异。随着知识经济和信息化社会的到来,大学毕业生必须不断学习新知识才能适应社会发展的需要,否则将会被职业无情地淘汰。大学教育固然重要,但毕竟只是终身教育中的一个阶段。大学毕业之后的延伸学习和重新学习,对于选择及重新选择职业岗位和取得职业成就,无疑具有同样重要甚至更为重要的意义。

(五)树立到基层去、到农村去的观念

农村是广阔的天地,我国农村人口占全国人口的70%以上,中国的现代化建设离不开农村的现代化,"科教兴国"的战略,不能不包括"科教兴农"。改革开放以来,我国农村的社会、经济、文化发生了翻天覆地的变化,创造了大量的就业机会,迫切需要大量优秀毕业生投身于农村的广阔天地,传播星火科技,带领农民致富,发展农村经济。同时,农村的广阔天地也为大学毕业生施展才华、实现理想创造了条件。如果毕业生只是留在城市就业,那么,

就业的路子会越走越窄。从现实和发展上看中国高等教育大众化,既不能只靠城市生源,更不能仅在城市就业。农村的经济与社会发展了,也需要并能容纳更多的高校毕业生就业。具有创业精神和创业技能的高校毕业生,到农村求职,更有可能成为新的工作岗位的创造者。选聘高校毕业生到农村任职是党中央的一项重大决策。从2008年开始,用5年的时间选聘10万名高校毕业生到农村任职,这是贯彻落实党的十七大精神,为社会主义新农村培养骨干力量的主要举措,为广大毕业生到农村去、到基层去建功立业、成长成才提供了新的机遇。

二、全面客观地认识自己

"不识庐山真面目,只缘身在此山中。"世界上最难了解的人不是别人,恰恰是自己。人们常说:"人贵有自知之明",高职大学生只有正确认识自己,客观地评价自己,了解自己的个性特征,了解自己的长处和短处,才能在求职择业中准确定位。高职大学生在求职择业时认识自我的内容包括以下几个方面。

(一)兴趣

兴趣是一个人力求认识某种事物或爱好某种活动的心理倾向。兴趣是成功的重要推动力,它能将一个人的潜能最大限度地调动起来,长期专注于某一方面,做出艰苦的努力,取得令人瞩目的成绩。

一个人对某种职业感兴趣,就会对该种职业活动表现出肯定的态度,并积极思考、探索和追求。如果能根据自己的兴趣去选择职业,他的主动性将会得到充分发挥。即使十分疲倦和辛劳,也总是兴致勃勃,心情愉快;即使困难重重,也绝不灰心丧气,而是千方百计、百折不挠地去克服它。世界发明大王爱迪生,几乎每天都在实验室里辛苦工作十几个小时,在那里吃饭、睡觉,在旁人看来肯定苦不堪言,但他却丝毫不以为苦,并宣称:"我一生中从未间断过一天工作,每天都其乐无穷。"

有关资料表明,一个人如果从事自己感兴趣的职业,则能发挥全部才能的80%~90%，而且长时间保持高效率而不感到疲劳；如果从事不感兴趣的职业，只能发挥全部才能的20%~30%。古今中外在事业上取得成功的人，往往是在强烈的兴趣推动下而取得成功的。可以说，谁找到了自己最感兴趣的职业，谁就有可能踏上通向成功的路。

因此，高职大学生应该努力培养自己多方面的兴趣爱好，并且注意培养自己的中心兴趣，努力发展自己的专长，从而使自己的兴趣爱好有明确的方向性，在进行职业选择时可以既有一个较广的适应范围，又有一个确定的指向，同时只有将能力和兴趣结合起来考虑，才更有可能取得职业的适应和成功。李开复关于兴趣的五点建议可供同学们参考：选你所爱；爱你所选；把握每一个选择兴趣的机会；忠于自己的兴趣；找到最佳结合点。

高职大学生如何根据自己的兴趣去确定择业方向并进行择业决策呢？这里向大家介绍几种选择以供参考。

（1）喜欢同具体事物打交道，而不喜欢与人打交道者，可以选择如制图、勘测、工程技术、建筑、机器制造、出纳、会计等工作岗位。

（2）喜欢与人交往，对销售、采访、传递信息一类活动感兴趣，则相应的工作岗位应该是记者、推销员、服务员、教师、行政管理人员等。

（3）愿干有规律的工作，特别喜欢按常规有规律、有秩序地进行活动，习惯于在预先安排好的程序下工作，其相应的工作岗位是邮件分类、图书管理、档案整理、办公室工作和打字、统计等。

（4）乐于助人，喜欢从事社会福利和助人工作的人，相应的工作岗位是律师、咨询员、科技推广人员、医生、护士等。

（5）喜欢掌管一些权力，希望受到众人尊敬和获得声望，希望在单位中起重要作用，则可考虑担任行政官员、企业管理干部、学校班主任、辅导员等。

（6）对人的行为举止和心理状态感兴趣，喜欢研究人的行为，谈论人的问题，那么相应的职业应该是心理学、政治学、人类学等研究工作者及教育、行为管理等研究人、管理人的工作。

（7）如果喜欢从事科学技术事业，对分析、推理、测试等活动感兴趣，长于理论分析和独立地解决问题，也喜欢通过试验获取新发现，那么相应的职业应该是生物、化学、工程学、物理学、地质学等工作。

（8）如果喜欢抽象的创造性的工作，对需要想象力和创造力的工作感兴趣；或者喜欢独立地工作，对自己的学识和才能颇为自信，长于解决抽象的问题，而且喜欢了解周围世界，则相应的职业是社会调查、经济分析、各类科学研究和化验、新产品开发等工作。

（9）如果对运用一定的技术去操作各种机器、机械来制造新产品等感兴趣，喜欢具体的而不是抽象的东西，例如喜欢使用工具、机械等，特别是喜欢大型的、先进的机器，其相应的职业应该是各种驾驶员、机器制造、建筑、石油、煤炭开采等工作。

（10）如果喜欢从事具体的工作，希望能很快看到自己的劳动成果，愿意做能看得见、摸得着的产品的制作工作，并从完成的产品中得到满足，相应的职业则是室内装饰、园林、美容、手工制作、机械维修等工作。

（二）气质与择业

气质是人的一种心理特征，它包括人与外界事物接触中反映出来的感受性、耐受性、反应的敏捷性、情绪的兴奋性以及心理活动的内向性与外向性等特点。它是与生俱来的一种特性。

气质一般分为以下四类，每一种典型气质类型的人都有典型的气质特征，适合从事不同的职业。

（1）多血质型。属于活泼、好动、敏感的气质类型。多血质的人工作能力强，容易适应新环境，适应面较广泛，适合做政府及企事业管理工作、外事工作、公关工作、驾驶员、医生、律师、运动员、新闻工作者、演员、公安侦察员、服务员等。多血质的人不适合做过细的工作，单调机械的工作也很难胜任。

（2）胆汁质型。属于热情、直率、外露、急躁的类型。胆汁质的人适合做导游、勘探工作者、推销员、节目主持人、外事接待人员、演员等工作,他们适应热闹、繁杂的工作环境,对长期安坐的细致工作很难胜任。

(3)黏液质型。属于稳重、自制、内向的类型。黏液型的人适合当外科医生、法官、组织、财会、统计、播音员等工作。

(4)抑郁质型。属于好静、情绪不易外露、办事认真的类型。抑郁质型的人适合人事、机要、秘书、编辑、档案、化验、保管等工作,也适合从事研究工作和艺术造型工作等。

(三)性格与职业

1. 性格及其分类

性格是指一个人对事物的稳定态度以及与之相适应的习惯化了的行为方式,在一个人的人格中处于核心地位,它决定着个人的活动方向,是个人区别于他人的最主要特征。

2. 性格与职业的关系

日本索尼公司董事长盛田昭夫在《性格·能力·贡献》一文中谈用人的原则时指出:公司招收新职员,要填写个人履历表,在履历表中有一个很重要的项目,就是填写个人的性格特点,然后根据他们的性格特征,分配适合的职业。在选用干部时,首先看性格是否幽默、开朗。性格开朗的人才能够团结许多人一起工作,因为,不管多么好的工作,只是自己一个人去做,而不充分使用他人是不行的。所以,在一定意义上讲,人的性格代表了个人的能力,预示着未来的贡献。可以说,索尼公司的兴旺发达,与注重性格管理是分不开的。

高职学生如果在选择职业时,能善于把自己的性格特征和职业特点结合起来考虑,可以更好地发挥人的性格优势和潜能,提高人的主观能动性,从而获得较高的业绩和效率。

【阅读材料】

黎锦熙先生是我国著名的语言文学家。1912年他23岁时,在长沙创办了《湖南公报》，并任《公言》杂志总编辑。那时，他与许多进步青年有交往，有段时间他曾雇请三位进步青年到报馆抄稿。黎锦熙从平时的观察中发现，这三位年轻人性格差别很大。第一位不问文稿内容，很老实、很卖力地抄写，什么都照抄，一言不发；第二位则是见到文稿有问题总要向编辑提出来，并对文章修饰润色，有点创造精神；第三位爱憎分明，看到与自己观点相悖的文章，干脆不抄，坐到一旁抽烟去了。黎锦熙后来说："第一位，默默无闻，不必多说了；第二位，成了中国著名的作家、戏剧家，他就是田汉先生；第三位，成为改变中国历史的伟大人物，他就是毛泽东主席。"

各种性格和各种职业之间的关系究竟怎样呢？不少人在这方面做了很多的研究。为了简单起见，我们在这里把不同的性格特征分为两大类：一类是内向型性格；一类是外向型性格特征。下面我们一起看一下这两类性格分别适合哪些职业。

1）内向型性格

（1）内向型性格的主要特点：慎重、自我克制、腼腆、冷静、拘谨、乐于独处、反省、固执、深思、细致、孤独、自尊心强、不喜与人交往、少言寡语、富于责任感、有耐心、较稳重等。

（2）内向型性格适合的职业类型。

①脑力劳动为主的职业。

②以物为主要工作对象的职业。

③自己独立操作为主的职业。

④重复性较强的简单劳动为主的职业。

⑤环境偏僻安静的职业。

⑥要求细致、严密、规则性较强的职业。

⑦要求严肃认真、一丝不苟的职业。

⑧感情投入较少、原则性较强的职业。

⑨运筹谋划为主的职业。

⑩需要坚持不懈、默默无闻、始终如一的职业。

（3）内向型性格适合的主要职业：社会科学和自然科学研究、

工程技术、报刊编辑、银行职员、会计、汽车司机、仓库管理、打字员、审判员、考古研究、门卫、电话员、档案管理、地质勘探、图书管理、各种试验员、农林、水产、畜产管理等。

2）外向型性格

（1）外向型性格的主要特点：大胆、果断、爽快、好胜、急躁、大方、激动、活泼、乐群、灵活、炫耀、愿与人交往、随和、坦率、自信、冒失、摇摆等。

（2）外向型性格适合的职业类型。

①以体力劳动为主的职业。

②以人为主要工作对象的职业。

③以群体合作为主的职业。

④复杂重复的职业。

⑤环境多变、热闹的职业。

⑥行为粗犷的职业。

⑦具有突击性特征的职业。

⑧需要渲染气氛的职业。

⑨要求热情、活泼、灵活的职业。

⑩要求投入感情，用情绪配合的职业。

⑪经常抛头露面的职业。

⑫动作型为主的职业。

⑬容易见到成效的职业。

（3）外向型性格适合的主要职业：政治家、社会活动家、各种演员、管理人员、公关人员、谈判代表、律师、记者、商人、商品销售、推销工作、各种接待服务人员、导游、翻译、广告宣传、时装模特、教师、运动员、公共场所管理等。

职业心理学家霍兰德收集了大量的资料，获得了从事不同职业的人的典型个性模式，建立了一种个性类型与职业环境相匹配的理论。他在这一理论中将人的性格划分为现实型、研究型、艺术型、社会型、企业型和传统型6种类型，并指出了与之相适应的职业类型，见表5-1。

表 5-1 霍兰德性格类型与职业范围

性格类型	个性特点	职业范例
现实型(R)	身体机能强,喜欢户外活动,操作机械工具;不愿与人打交道;通常具有保守观点;稳定、实际、真诚、害羞	机械制造、建筑、渔业、野外作业、实验员、技师、工程安装、某些军事职业
研究型(I)	热衷于研究探索,喜欢从事有创造力的活动,不喜欢遵循固定程序;对周围的人和具体操作不感兴趣;思考、独立、好奇、创造	工程设计、科学和理论研究、实验研究、新闻记者
社会型(S)	关心社会公正与正义,责任感强;喜欢帮助他人,善于调整人际关系,而不喜欢操作机器或体力运动;友好、合作、善解人意	教师、心理学家、职业指导是、社会工作者、服务行业
传统型(C)	喜欢高度有序的、规范性的工作,习惯服从和执行命令;不喜欢与人形成亲密关系,看重物质财富和地位;保守、高效、实际、自控、缺乏灵活性	银行审计员、会计、出纳、图书管理员、统计员、计算机操作员、业务经理
企业型(E)	喜欢影响他人和担负有领导责任的工作;善于辞令、精力充沛、热情洋溢、自信、冒险;缺乏耐性、盛气凌人;追求权力、地位和财富	领导者、法官、经理、推销员、社会活动家、政治家、小企业主、经纪人
艺术型(A)	喜欢艺术环境,不喜欢体力活动以及程序化和规范化的任务;有强烈的自我表现欲和创造性;情绪变化大、敏感、独立、自信、自发性和非传统性	画家、音乐家、演员、诗人、导演、作家、室内装饰、广告设计

值得注意的是,在选择职业时,除了要考虑性格因素以外,还要考虑能力因素,只有这样,才能更好发挥自己的优势,使自己的才能得到充分施展,使自己从事的职业令人轻松愉快。

(四)能力与职业

1.能力及其影响因素

(1)能力含义。能力是指个人顺利完成某种活动所必须具备的心理特征,包括智力、性向和成就三种。智力是指个人的一般能力;性向是指个人可以发展的潜在能力;成就是指个人通过教育或培训在学识、知识和技能方面达到的较高水平。

从定义即可看出,能力对于生涯的作用是不言而喻的,你从事任何一种活动都必须具备一定的能力,能力是影响活动效果的基本因素。同样,对任何一种职业生涯而言,要使职业生涯得以顺利进行,你必须具备相应的能力。能力总是和你所从事的活动联系在一起,人们总是通过某种活动来考察你的能力。

（2）能力的影响因素。影响能力的因素主要体现在素质、知识和技能、教育、社会实践和主观努力等五个方面。

①素质。素质是有机体天生具有的某些解剖和生理特征,主要是神经系统、脑的特征以及感官和运动器官的特征。素质是能力发展的自然前提,离开这个物质基础就谈不上能力的发展了。天生或早期聋哑的人难以发展音乐能力,双目失明者无从发展绘画才能,严重的早期脑损伤或脑发育不全的缺陷是智力发展的障碍。素质是能力发展的自然基础,但不是能力本身。先天素质只是为能力的发展提供了最初的可能性。

②知识和技能。知识是人类社会历史经验的总结,从心理学的观点来说,是头脑中的经验系统以思想内容的形式为人所掌握。技能是操作技术,是对具体动作的掌握,它以行为方式的形式为人所掌握。知识、技能与能力有密切的关系。知识是能力形成的理论基础;技能是能力形成的实践基础。能力的发展是在掌握和运用知识、技能的过程中实现的;同时,能力在一定程度上决定着一个人在知识、技能的掌握上可能取得的成就。能力和知识、技能密切相关,它们之间既相互联系又互相制约,这种关系主要体现在:掌握知识、技能以一定的能力为前提;能力制约着掌握知识、技能的快慢、深浅、难易和巩固程度;而知识的掌握又会导致能力的提高。当然,知识、能力的发展与技能的发展是不完全同步的。

③教育。教育是掌握知识和技能的具体途径与方法。教育不仅在儿童和青少年的智力发展中起着主导作用,而且对能力的发

展同样也起着主导作用。教育不但使学生掌握知识和技能,而且通过知识和技能的传授,还能促进心理能力的发展。学校教育对学生能力的培养是至关重要的,但是,当他们走上工作岗位以后,原来已经掌握的知识和技能,就显得不够用,有些甚至是已经过时了。因此,在组织中,对在职员工的教育和培训就显得特别重要,他们必须掌握多种知识、多种技能,并能进行综合的运用。

④社会实践。能力是人在改造客观世界的实践活动中形成和发展起来的。劳动实践对各种特殊能力的发展起着重要的作用。不同职业的劳动,制约着能力发展的方向,实践向人们提出不同的要求,人们在实践和完成任务的活动中,不断地克服薄弱环节,从而使能力得到相应的发展和提高。

⑤主观努力。主观努力是获得成功的必由之路。要使能力获得较快和较大的增长,没有主观的勤奋努力是根本不可能的。世界上许多政治家、科学家和发明家,无论他们从事的领域有多么大的不同,他们的共同点是长期坚持不懈、刻苦努力、顽强地与困难作斗争;没有刚毅、顽强、百折不挠的意志力,任何成就都不可能取得,也无从谈起能力的发展。

2. 职业能力

职业能力是人们从事某种职业的多种能力的综合。例如:一位教师只具有语言表达能力是不够的,还必须具有对教学的组织和管理能力,对教材的理解和使用能力,对教学问题和教学效果的分析、判断能力等。如果说职业兴趣能决定一个人的择业方向,以及在该方面所乐于付出努力的程度,那么职业能力则能说明一个人在既定的职业方面是否能够胜任,也能说明一个人在该职业中取得成功的可能性。

由于职业能力是多种能力的综合,因此,我们可以把职业能力分为一般职业能力、专业能力和综合能力。

(1)一般职业能力。一般职业能力主要是指一般的学习能力、文字和语言运用能力、数学运用能力、空间判断能力、形体知觉能力、颜色分辨能力、手的灵巧度、手眼协调能力等。此外,任何职业岗位的工作都需要与人打交道,因此,人际交往能力、团队协作能力、对环境的适应能力,以及遇到挫折时良好的心理承受能力都是我们在职业活动中不可缺少的能力。

(2)专业能力。主要是指从事某一职业的专业能力。在求职过程中,招聘方最关注的就是求职者是否具备胜任岗位工作的专业能力。例如,你去应聘教学工作岗位,对方最看重你是否具备最基本的教学能力。

(3)职业综合能力。这里主要给大家介绍国际上普遍注重培养的"关键能力",主要包括四个方面。

①跨职业的专业能力。从以下三方面可以体现出一个人跨职业的专业能力:一是运用数学和测量方法的能力;二是计算机应用能力;三是运用外语解决技术问题和进行交流的能力。

②方法能力。一是信息收集和筛选能力;二是掌握制订工作计划、独立决策和实施的能力;三是具备准确的自我评价能力和接受他人评价的承受力,并能够从成败经历中有效地吸取经验教训。

③社会能力。社会能力主要是指一个人的团队协作能力、人际交往和善于沟通的能力。在工作中能够协同他人共同完成工作,对他人公正宽容,具有准确裁定事物的判断力和自律能力等,这是岗位胜任和在工作中开拓进取的重要条件。

④个人能力。随着我国经济体制改革的深入、法制的不断健全完善,人的社会责任心和诚信将越来越被重视,假冒伪劣将越来越无藏身之地,一个人的职业道德会越来越受到全社会的尊重和赞赏,爱岗敬业、工作负责、注重细节的职业人格会得到全社会的肯定和推崇。

一个人的职业能力可能通过各种类型的测验来检查,有些测验已被广泛应用于招工和招考选拔中。

高职大学生在校学习期间,一方面通过增长知识、积累经验培养、提高自己的一般职业能力,另一方面,还要培养专业能力和职业综合能力。

三、掌握一定的心理调节方法

在求职择业过程中遇到挫折、有心理压力是常见的事情,并不可怕,关键是要掌握正确的心理调节方法,使问题在萌芽状态就加以处理,不至于造成严重的后果。

(一)注重休养,提高境界

一个人之所以能乐观豁达,是因为心胸开阔;一个人之所以心胸开阔,是因为站得高、看得远。这里所说的站得高,含义并不是你情绪不好的时候,就让你攀登高山或乘飞机上天,而是提高修养境界,在认知上站得高一些。

孔子有一句著名的话:"君子坦荡荡,小人常戚戚。"(《论语·述而》)。为什么君子就坦荡荡而小人就常戚戚?这是一个很值得思考的问题。在这里我们可以先将君子和小人分别理解为修养水平高和修养水平低的人。修养水平高的人之所以坦荡荡,主要原因是能淡泊个人名利。如何对待名利是衡量一个人修养水平最为有效的指标。对待个人的名利应该有点佛家的精神。什么是佛家的精神呢?四川峨眉山灵岩寺弥勒佛旁边有一副对联:"开口便笑,笑古笑今,凡事付之一笑;大肚能容,容天容地,与己无所不容"。对人对事能有这样的心态将会少很多烦恼。

另外,要培养乐观豁达的心境。既不要对自己有十全十美的要求,你大可不必因为自己在某些方面比别人薄弱而烦躁不已,要知道天底下没有完人,心烦意乱,责怪自己是没用的。相反,要悦纳自己,用赞赏的目光对待自己;积极地培养广泛的兴趣爱好与主观幸福感,热爱生活;同时,你要比较充分地认识自己的能力水平,不要把目光定得太高,很多事情不是凭一个人的意志就能完成的,没办法完成只能破坏你的情绪。培养乐观向上,积极进取的人生观;每个人在自己的生活道路上都有顺境和逆境,碰到逆境的时候,不要沉浸在烦躁压抑的情绪中,做个乐观的人,相信自己能走出这个困境,至少你要相信,每次逆境都是你人生中的一笔宝贵的财富。

（二）学会积极认知

人不是被事情本身所困扰，而是被其对事情的看法所困扰。

——埃皮克迪特斯

事物本身并不影响人，人们只受对事物看法的影响。

——叔本华

【小故事】

在我国民间曾流传这样一个故事：有位老太太有两个女儿，女儿都出嫁了。大女儿家开伞店，小女儿家开洗衣店。老太太天天为女儿忧愁，为什么呢？在雨天，担心小女儿洗的衣服晒不干；在晴天，担心大女儿的雨伞卖不出去。总之，她每天都有让她忧愁的事。后来，一个人跟她说："老人家，您好福气啊！下雨天，您大女儿家的生意兴隆；大晴天，您女儿家生意好做。对您来说，哪一天都是好日子。"老太太转念一想，不禁眉开眼笑了。

我们在生活中几乎都有这样的体会：同样的事件作用于不同的人身上，往往会引起不同的行为反应。为什么会出现这样的情形呢？原因在于在刺激与反应之间存在着一个重要的中介因素，那就是认知。由认知对刺激作出解释和评价，从而人为地给刺激赋予了意义，再由这种意义引出了相应的行为反应。

现实生活中，有人因为失败而跳楼，也有人因战胜失败而成就一番事业；有人因对手强大而退缩，也有人因接受挑战而成为巨人。

事件本身并不是行为反应的直接原因，对事件的认知才是行为反应的直接原因，人的苦恼通常来自于人的不合理认知，正所谓"天下本无事，庸人自扰之"。

通过上面的分析，我们完全可以清楚地看到，人若想拥有愉快健康的生活，都很有必要尽早建立合乎理性的认知模式和认知系统。我们只要经过努力，每个人都有可能具有合乎理性的认知。从心理保健的角度看，积极的认知方式更是一种值得学习和应用的认知方式。何谓积极的认知呢？正如前面小故事里所讲到的：

每个事件都有好坏两面,是好还是坏,就看是从哪个角度看!积极的认知就是在看到问题的不利的方面的同时,更能看到有利的方面。这种看待问题的方式,容易使人看到希望、增强信心、始终保持积极的情绪多于消极的情绪。

假如有两个人同样要走100千米路,一个人已经走完90千米,他抬起头看看前面,沮丧地叹了一口气说:"怎么还有10千米路要走啊!"另一个人只走了10千米,他回头看看,愉快地说:"没想到不知不觉已经走了这么远。"按理说,第一个人更应该感到高兴,因为他所完成的路程是第二个人的九倍,可实际上第二个人比第一个人愉快,原因就在于认知方式不同。

一个姑娘因烫伤在小腿上留下了一块难看的伤疤,如果她想:真倒霉,以后再也不能穿比较短的裙子了,结果就会心情很不好。如果她想:还算幸运,若是伤疤落在脸上那才麻烦,落在小腿上,还可以用长裤或长裙盖住;若是落在脸上,总不能在脸上挂个布帘吧,结果心情就会变得比较宁静了。

所以,当我们遇到麻烦,心情不好的时候,尽量采用这种积极的认识方式,有利于我们保持愉快的心情。

(三)采用合适的情绪疏泄方法

情绪的调控也可分为调控标和调控本两大类。情绪的疏泄是对标的调控,是不良情绪产生之后所采用的办法,虽然不能从根本上解决问题,但使用得当也会发挥积极的作用。下面介绍一些简单易行的疏泄方法。

1. 自我疏泄

所谓自我疏泄就是不依赖他人,单靠自己完成疏泄过程。

(1)眼泪缓解法。美国专家威费雷认为,眼泪能把机体在应激反应过程中产生的某些毒素排泄出去。从这个角度讲,遇到该哭的事硬忍住不哭就意味着慢性中毒。我们很多人挺欣赏"男儿有泪不轻弹"的说法,把流泪看作软弱的表现,现在从心理健康的方面考虑问题,就会发现这种观念是不可取的。我们应该提出一个新的口号:为了健康,该哭就哭吧!美国精神病学家曾对331名18~75岁得人进行调查,结果表明女性每月平均哭5.3次,男性每月平均哭1.4次,他们都感到哭过后心情明显变好了,对恢复心理平衡有帮助。

(2)活动发泄法。

【心理实验】

把两只老鼠放在一个可以转动的阶梯式滚筒上:其中一只被捆绑在滚筒上,而另一只放在滚筒的台阶上,滚筒转动时,被捆绑在滚筒上的老鼠躺在上面"睡觉",另一只则随滚筒转动的频率跑动,转速加快,老鼠的跑动也加快,直到跑不动掉下滚筒为止。结果是:跑动的老鼠筋疲力尽,但休息一会就无大碍;那只被捆绑的老鼠没耗能量却死了。

实验者说:"两只老鼠都处于恐惧、惊慌的状态,奔跑的老鼠经过运动能将产生的负面情绪宣泄出来,所以仍然活着;而被捆绑的老鼠,无法动弹,虽然毫不费力气,但产生的负面情绪也越积越多,不能排除,最终被吓死了。"

古希腊医学之父希波克拉底讲了一句话,传了两千四百年。他说:"阳光、空气、水和运动,是生命和健康的源泉。"他还在古希腊山上的岩石上刻了这样的一段文字:"你想变得健康吗?你就跑步吧!你想变得聪明吗?你就跑步吧!你想变得美丽吗?你就跑步吧!"

运动有助于释放激动、强烈或持久的不良情绪带来的能量,为积压的情绪提供一个公开合理的发泄渠道。哈弗医学院教授约翰·瑞提的研究证明,运动可以帮助人体释放更多的神经递质、肾上腺激素、血清素、多巴胺,它们都和最重要的精神病药物非常类似。

不良情绪困扰时,不妨试试以下运动。慢跑、快走、爬山、游泳、骑自行车、跳健美操、跳舞等,让消极情绪带来的能量在运动中释放。

摔打东西若用的适当,也可看做是消减不良情绪的有效方法。日本有些公司为了缓解管理人员和工作之间的矛盾,提高工作效率,专门设有"出气室",里面有许多制作得很像管理人员的假人,专供那些当面不敢表示不满,害怕"炒鱿鱼",而心里又确有一肚子怨气无处发泄的人发泄情绪之用,他们对这些形象酷似的假人可以又打又骂,借此可以起到消气的作用。在有些国家据说还专门生产和出售"出气产品",例如,价格比较低廉的瓷器;还有人专门提供"出气"服务。在利用活动发泄法时,应该注意时间、地点、方式、方法,以不影响别人和不危害自己为基本原则。例如,用喊叫的方式来发泄情绪时,不仅要找别人听不见喊叫声的地方,还要注意别太拼命地喊叫,以免损伤自己的声带。除此之外,还应尽量采用比较经济的办法,例如夫妻吵架,摔东西虽然能解一时之气,但给生活毕竟造成了物质方面的损失。其实,某些有效的发泄方式并不需要损坏东西。例如,可以把导致不良情绪的人和事写在纸上,想怎么写就怎么写,毫不掩饰地写,痛快淋漓地写,写完之后一撕了之。在这个过程中,情绪就已经得到了宣泄,这是比较经济有效的做法。

(3)转移注意法。研究表明,强烈情绪产生时,大脑中存在一个较强的"兴奋灶",此时,如果另外建立一个或几个"兴奋灶",便可以抵消或冲淡原来的优势"兴奋灶"。因此,当不良情绪出现时,我们要有意识地转移注意力,建立新的"兴奋灶",达到管理情绪的目的。

每个人都会有一些自己比较感兴趣的事,当情绪不好时,做自己感兴趣的事可以转移注意力,从而起到平静情绪的作用,比如可以找朋友聊天、下下棋、打打球,不把时间都用来独自"享受"忧郁;听听音乐、唱唱歌、看看报纸、看喜剧电影,使自己能够从原来的思维中解脱出来,忘记原来的不愉快。

许多研究已经证明,音乐具有明显的调节情绪的功能。节奏明快有力的可以使人振奋;旋律优美悠扬的能够让人进入轻松愉快的心境。为了健康,让我们多听听音乐吧,音乐是人不能缺少的精神维生素。

2. 他助疏泄

每个人都应该建立自己的社会支持系统。所谓社会支持系统就是能对自己的许多方面、尤其是精神方面,给予支持和帮助的人际关系网络,主要由亲人、朋友以及其他能够提供帮助的人员(如心理咨询医生)所组成。

当一个人遇到高兴地事情时,通常希望有人来分享;当一个人遇到痛苦的事情时,就通常更需要得到别人的理解、同情、安慰、鼓励、信任和支持。许多人都会有这样的体验:在遇到痛苦和烦恼时,如果有一个值得自己信任的人能在身边认知倾听自己的诉说,尽管他没有提供很有价值的建议,但诉说之后总会感到一吐为快。这是一种很奇妙的心理作用,我们应该学会利用它。如果心中的烦恼自己无法排解时,就应懂得去寻找可以信赖的人将烦恼倾诉出来。在人生的道路上,一个人若能有 2~3 个人可以信赖、可以倾诉心里话,那就应该视作人生的幸事了。

建立有力而稳定的社会支持系统几乎是每个人的共同愿望,能否如愿,在很大程度上取决于自己。一个平时很愿意诚心关心别人、帮助别人的人,在他遇到困难时,自然就容易得到别人的关心和帮助。

思考题

(1)分析一下自己现在的心理状态是怎样的。

(2)如何培养良好的心理素质?

(3)请根据你的理解谈谈心理健康与大学生就业的关系。

第六章

求职指导

高校毕业生就业成功与否不仅取决于毕业生自身的素质、条件和社会因素,还与积极有效的就业准备活动和择业的技巧礼仪培训等密切相关。适时、艺术地展示自己的素质和能力,提高自己的求职就业能力,就可以避免在择业过程中走弯路,增强自己被录用的机会。这就需要高校毕业生能正确掌握求职过程中的一些基本方法和技巧,灵活有效地进行求职活动。

第一节 了解搜集就业信息

在市场经济条件下,伴随着高校招生和就业制度的改革,求职已演变成大学生的自主行为。大学生必须积极主动探寻求职的途径,了解通过哪些渠道可以获得就业的信息,把握机遇,成功实现就业。因此,从某种意义说,求职的途径就是就业信息来源的途径。

一、通过多种渠道获取就业信息

一般来说,应届毕业生主要有以下几种求职就业方式。

1. 通过学院招生就业处求职

通常,各院校都设有毕业生就业指导机构(就业指导中心或就业办公室),这是高校毕业生就业工作的直接主管部门。高校毕业生就业指导机构的职责是:向国家、地方主管部门和用人单位征集用人信息并加以整理、归纳、分析;通过各种方式组织毕业生和用人单位的供需见面会;负责毕业生的就业指导,提供就业咨询服务;编制毕业生就业建议方案,处理毕业生就业的一系列问题。可以说,高校就业指导机构是学校和社会相互交换信息的窗口,是联结毕业生和用人单位的纽带。通过高校就业指导机构获取就业信息是大学生求职的主要途径。这一途径具有针对性强、可靠性高、成功率大等优点。

2. 通过社会实践或实习求职

大学生社会实践有多种方式,如勤工助学、社会服务、毕业实习等。其中,毕业实习是学生正式工作之前非常宝贵且很有价值的就业锻炼经历,通常被视为参加工作的演习,踏入社会的前奏,很多毕业生通过毕业实习实现就地就业。

社会实践实际上是大学生开发就业信息的重要渠道。在社会实践过程中,不仅可以通过自己的努力赢得用人单位的认可,培养社会实践能力,积累社会经验,还可以有意识、有目地关注一些行业发展趋势、人才需求状况、具体单位和岗位的用人要求等与大学生就业相关的问题,加强学生对职业的了解,提升自己的求职意识。

3. 通过社会各级人才市场求职

"国家政策指导,毕业生自主择业",这是我国高校毕业生就业工作的目标。随着市场经济的深入发展和劳动人事制度的进一步改革,社会上各级各类人才市场、中介机构如雨后春笋般地涌现出来,同时毕业生择业的自主权也越来越大,因此,通过人才中介的方式实现就业,也是毕业生求职就业的重要途径。在人才市场上,毕业生不仅可以了解到各类不同的用人单位和具体职位信息,寻求面试锻炼的机会,学会面试的技能,增强面试的自信,也为今后的求职转岗积累经验。

人才市场为毕业生求职提供的有利因素是信息量大,就业机会多,交流直接,服务便利。

4. 通过各种社会关系求职

每个人都生活在自己的社会关系网中,毕业生在求职时,不要忘记利用自己的社会关系寻求就业信息。谁的社会关系网能提供更多的就业信息,谁能把握住机会,谁的主动性就更大,成功的几率就更高。当然,在利用社会关系网这一途径时,必须正当,切不可不择手段。毕业生必须树立正确的求职理念:自己的主观努力是最重要的,也是最终的决定因素。

5. 通过大众传媒求职

处于信息瞬息万变的信息社会,大众传媒方式,如广播、电视、报刊、杂志、网络、3G 手机等在人们生活中扮演着相当重要的角色,人们通过它们可以展现各种各样的信息。因此,大众传媒同样获得了招聘单位和求职者的共同青睐,招聘信息变得唾手可得。各地的报刊,包括综合报刊、晚报、专门的人才报等都不同程度地传递着各种职业信息。

如今,计算机网络的应用已经越来越普遍,3G 手机已逐渐普及,网络已成为无可比拟的、巨大的信息资源中心。越来越多的用人单位在网上发出招聘信息或建立自己单位的网站,越来越多的求职者上网寻求职业信息,这样既方便又快捷。因此,毕业生必须学会利用网络为自己的求职服务,这样不仅可以自由地获取各种就业信息,还可以直接把自己的简历公布在网上进行应聘。许多高校就业指导中心也建立了就业信息网为毕业生提供服务。

以上五种求职途径是毕业生求职的主要的、可行的、较为有效的途径。当然,在实际求职过程中,毕业生可以利用多种渠道,扩大视野,获取尽可能多的就业信息,增加可能的就业机会,选择最佳的、最适合自己的工作岗位。值得注意的是,面对众多的求职途径,毕业生切勿似无头苍蝇一样到处乱撞,必须有计划、有安排、有所选择地进行,这才是求职的上策。

求职者要懂得综合、灵活运用以上的方法,对症下药。不过,自荐都有失败的可能。在求职择业过程中,遇到挫折是十分正常的现象,切不可因此而自卑,要有经受挫折的心理承受能力。遭受挫折之后,应积极寻找失败的原因,制定目标,调整策略,争取下一个机会。当你向三四个单位表达求职意向,都被拒绝后,你应暂停求职,冷静地思考一下失败的原因,特别是这些用人单位在拒绝你的同时却接纳了别的求职者时,更应从自己身上找原因。可能的原因大致有以下四个:一是职业理想脱离了现实,自己的素质不符合用人单位要求,如学历、身体、相貌以及能力等方面;二是在求职谈话中,对用人单位流露出好高骛远或其他不妥之处;三是在面谈时,礼貌不周、衣冠不整、目中无人;四是表达能力欠佳,没有把自己的长处恰当地展示。如果自己想不清楚,可向家长、老师、同学求教,把求职过程告诉他们,把自己求职时的言行和对方的态度、表情、语言回顾一遍,请他们帮你分析一下原因。旁观者清,当事者迷,在求职遭到挫折时,请旁人帮你分析一下是有必要的。在劳动力市场供大于求的情况下,如果求职屡遭失败,你可以有两种选择:一是先立足、后创业,即降低求职标准,先在社会上站稳脚,"骑驴找马",有机会时再另求发展;二是暂时不就业,找机会提高自己的就业素质,以提高就业竞争力,一旦有了职位空缺,就有可能实现自己的择业愿望。

二、面试前的信息收集及相关准备

知己知彼,百战不殆。确定面试单位后,在进行面试之前,一定要广泛搜集面试单位各方面的资料与信息。有了充分的资料准备,即便是"临场发挥",也会相当精彩。那么,确定求职单位后,作为求职者应该搜集哪些方面的资料呢?大体来说,应从以下几个方面着手。

1. 搜集招聘单位的资料

尽可能了解清楚招聘单位的性质和背景,确定该单位属于哪一种行业,目前该行业发展情况如何,该企业的性质如何,是独资企业、合资企业、民营企业还是私营企业,它的文化(包括口号和形象)是什么,业务状况怎么样,业绩好不好,业务往来的对象有哪些,目前该单位重点工作是什么等。另外,对招聘单位的内部组织、员工福利、一般起薪、工作地点等也应该尽可能了解清楚。

这些资料信息的搜集,可以来自父母、朋友、同学或亲戚,也可以向在该用人单位工作的熟人咨询,还可以通过电话、新闻报道、广告、杂志、企业名录及其他书籍查找。

2. 搜集主试人的有关情况

首先,要打听到主试人的姓名,并且要会正确地说出他们的姓氏。如果主试人是外籍人员,有时候他们的名字很不容易发得准确,宜在词典中查出其准确的发音。然后要尽可能了解到主试人的性格、为人方式、兴趣、爱好、背景,在近期生活中有什么重大变故,在变故中他是什么心境,自己和主试人有何共同之处,是否有共同认识的人等,只有对主试人的情况了如指掌,才能在面试时易守易攻,自始至终立于不败之地。

3. 搜集招聘工种的相关资料

在校期间,我们对所学专业经过了系统的训练,对专业所涉及的行业也有所知晓,但还应该及时搜集一些所求岗位的最新动态、发展前景、供求关系等材料,同时,还应有自己的看法和见解,这样在面试时才有可能从容应对。

第二节　求职材料的写作及注意事项

一、个人简历的编写和制作

简历是一份资料,是个人生活、学习、工作、经历、成绩的概括集锦。

个人简历的写作没有固定的模式,有特点有个性的简历更受欢迎。为了给初学者提供借鉴,在此简要介绍简历写作的相关问题。

　　个人简历的格式一般有两种,一种是按年月顺序列出自己的学习和工作经历,这种简历较有条理,但往往淹没了重点;另一种是根据需要有选择地列出自己的学习和工作经历,充分表现自己的技能、品德。这类个人简历的主要内容可分为两部分:第一部分应列出自己的姓名、性别、年龄、学校、院系及专业等个人基本信息;第二部分可简述自己学习、工作经历,包括所学主要课程及学习成绩,在学校和班级所担任的职务、在校期间所获得的各种奖励和荣誉、业余爱好和特长、适宜从事的工作等。

　　最常见的个人简历模板是表格式,见表6-1。

个人简历模板　　　　　　　　　　表6-1

	姓名		性别	
	出生年月		健康状况	
个人基本信息	籍贯		政治面貌	
	毕业院校		专业	
	地址		邮编	
	电话		邮箱	
教育背景				
主修课程				
专业评价				
专业技能				
英语水平				
计算机水平				
获奖情况				
工作经历				
社会实践				
个性特点				
求职意向				
附言				

将上面的表格去掉,就变成纯文字式了,但形式还是类似于表格。

以上各项内容不是固定不变的,应聘者可以根据个人的实际情况和应聘的需要有选择地进行取舍。例如,个人基本信息栏,应聘有的单位时要写明性别,政治面貌等,换个单位就不宜写了;再如,主修课程一栏,有的专业要写具体点,有的专业的毕业生与其写这一项,还不如写实践技能或成果。因此,众人一份简历、一份简历递交所有招聘单位都是不可取的。

【例文】

个 人 简 历

自我评价:

　　本人性格开朗、稳重、有活力,待人热情、真诚。工作认真负责,积极主动,能吃苦耐劳。有较强的组织能力、实际动手能力和团体协作精神,能迅速的适应各种环境,并融合其中。

在校期间任职情况:

　　××××年×月——××××年×月　在班级担任班长职务。

　　××××年×月——××××年×月　担任系学生会副主席。

　　××××年×月——××××年×月　担任学生会副主席、班级体育委员。

　　××××年×月——××××年×月　担任班级组织委员。

社会实践和实习情况:

　　××××年×月——××××年×月　辅导某初三学生各门功课,在一段时间的辅导、合作中,该学生的各门功课成绩均有提高,深受该生家长的好评。

　　××××年×月——××××年×月　在××市××公司实习,负责办公室的日常事务,从事人事和企业行政管理,在实习结束后,各领导给予了我极高的评价,并给予奖励。

×××年×月——×××年×月 暑假期间,在当地的市政府部门担任办公室助理职务,处理各项管理事务,协助领导做好管理工作,受到领导们的一致好评和肯定。

×××年×月——×××年×月 在××省××管理局××处实习。主办××××,能熟练运用办公自动化设备,起草及审查各种办公室文件;编排、打印档案;打理办公室日常事务,与其他各单位、部门做好协调工作,协助本部门领导做好管理工作等。通过自己的努力圆满地完成任务。对于实习期间的工作,领导们给予了我很高的评价和奖励。

在校期间获奖、成果情况;

××——××学年 荣获××"三好学生"称号。

××——××学年 荣获××"优秀共青团员"称号。

××××学年 荣获"实习积极分子"称号。

代表××××在校足球联赛中获得第二名。

获得证书情况:

×××证书、××××证书、×××证书、××证书等。

主修专业课程:

×××、××××、××××、×××、××、×××……

个人专长:

交际、组织、管理、写作、电脑、文学、分析研究、足球、音乐等。管理理论知识结构牢固,能充分并成功的运用于实际中;英语基础知识较扎实、具备一定的听、说、读、写及翻译能力;熟悉计算机网络、熟练掌握办公自动化,对各种硬件安装及各种软件的运用有着丰富的实践操作经验等。

求职意向:

愿到企事业单位、国家行政机关及军队中从事行政管理、人力资源管理、文秘、行政助理等相关工作。

二、自荐信和应聘信的写作

自荐信和应聘信的格式和一般书信大致相同,主要包括称呼、正文、结尾、落款等几个部分。

一封完整的自荐信和应聘信可以从以下四个方面入手。

1. 开头

开头一定要开门见山的写明自己对公司有兴趣,并表明能胜任他们空缺的职位,以及是如何得知该职位的招聘信息的。

例如:获知贵公司×××年××月××日在×××上招聘×××的信息后,我寄上简历,敬请斟酌。

2. 推销自己

第二部分要简短地叙述自己所学的专业以及才能,特别是这些才能将满足公司的需要。没有必要具体陈述,详细内容引导对方查看自己的简历。

3. 联系方式

在求职信中给出自己电话预约面试的可能时间范围,或表明希望迅速得到回音,并标明最佳联系方式。

4. 收尾

感谢招聘单位(人员)阅读自己的简历和考虑自己的应聘。

【例文一】

尊敬的领导:

您好!

我是××××学院会计专业的应届毕业生。我被贵公司的企业文化所吸引,而且贵公司目前所招聘的职位与我所学的专业恰好相对应。我相信以我所学的知识能胜任此职位。

我现已取得会计资格证书和会计电算化证书,能熟悉运用会计电算化软件、用友软件,并能熟练操作 Windows 系列操作系统和 Office 系列办公软件,为以后走上工作岗位打下了扎实的基础。

此外，我还认真学习了专业外的相关知识，并取得了高等学校英语应用能力 B 级证书和全国公共英语 Pets 3 级的证书。英语水平已达到高等教育自学考试非英语专业本科毕业水平，基本符合企事业单位行政秘书、经理助理，以及同层次其他工作在对外交往中的基本要求。

"海阔凭鱼跃，天高任鸟飞"，我希望贵公司能给我一个施展才华的机会，我一定会努力工作，勤奋学习专业知识，不负公司给我的厚望。

期待您的佳音！

此致
敬礼！

×××
×××年×月×日

【例文二】

尊敬的×××先生：

我从本月×日的《××晚报》上获悉贵公司正在招聘××一职的工作人员，觉得自己很适合，因为这就是我所学的专业。通过两年的理论知识学习和一年的实习锻炼，我已经积累了一定的专业知识和实践经验，故给您写了自荐信。

在校期间，我系统地学习了××专业（主要课程为：×××、×××、×××××），而且各门课程的成绩均为××，曾获学校奖学金。此外，我还利用业余时间取得了"××××证书"，因而对于××这一工作很熟悉。我认为，××工作在公司中起着不可或缺的作用，其一般的工作职责为×××、×××××……其中，××为这一系列工作中最为重要的一环……

三年的高职求学期间，我先后到×个单位实习过：××××年×月，我曾在×××公司××部实习；××××年×月，又在×

××公司实习。虽然我知道实习经历和实际的工作经验不可同日而语,但实习使我将理论知识和实践较好地结合起来,同时也使我的知识得到巩固,使我更加喜欢自己的专业。由于我的实习表现,××××公司还让我参与了××项目组,我主要的工作范围为××。实习结束后,××××公司为我写了实习鉴定书,他们认为我在这一领域有发展潜质("实习鉴定"请见附件)。

面临毕业之际,我希望自己能走好这踏入社会的第一步,因此,我把贵单位作为长远发展、努力回报的地方。我非常希望能凭自己的实力取得您的信任,热诚期盼能得到您的回音!

感谢您在百忙之中抽空审查这份材料。

此致

敬礼!

×××
××××年×月×日

三、个人求职材料写作注意事项

1. 态度诚恳,措辞得当

写求职材料,尤其是写求职信和应聘信时,态度一定要诚恳,推销自己要不卑不亢。言辞太过谦卑,自贬身价,就会给人以碌碌无能的不良感觉;过于高傲,狂妄自大,又会给人以轻佻浮夸的恶劣印象,两者都不能达到求职成功的目的。

2. 实事求是,言之有物

求职材料应该是属于个人的,换言之,就是所写内容只是自己独有的,而不是通用的。所以,写作时应该突出自己的业绩,用具体的事实和数据说话,而不宜用大众化的语言。例如,说自己"工作能力强",这就过于笼统,若具体写出曾担任过什么职务,是怎么进行这项工作的,完成情况怎样等,则更容易给主试人留下深刻的印象。

3. 着眼现实,有针对性

求职者也许有很多的优点和长处,业绩也不俗,但并不是所有这些都是用人单位所需的，因此，求职材料的写作一定要具有针对性，要写用人单位想了解的事情，切忌胡子眉毛一把抓。

4. 富有个性，不落俗套

求职中，个性突出、特征鲜明的求职者最容易在竞争中取胜，而简历也需要个性突出、特征鲜明，个性化的简历会从众多简历中折射出光芒，吸引招聘者的目光。因此，求职材料对招聘单位来说具有唯一性，也就是说，该求职材料是量身定做的，对具体岗位也是如此，而不是一份材料适合很多工作岗位。

5. 言简意赅，字迹工整

求职材料文字力求简洁，做到言简意赅。求职材料多数是打印成文的，如果书法水平比较高，手写会收到意想不到的效果，不过手写的话，字迹一定要工整。

第三节　面试基本类型与应对技巧

面试是通过当面交谈对应试者进行考核的一种方式。由于面试具有相当大的灵活性和综合性，它不仅能考核一个人的业务水平，而且还可以面对面考察求职者的口才和应变能力等，所以很多用人单位对这种方式更感兴趣。因此，学会面试是应届毕业生必修的课程。

一、面试中常见的问题

1. 个人基本情况

请谈谈你的基本情况。

你家里情况怎么样？

你谈朋友了吗？

你的个人兴趣在哪些方面？有什么特长？

你喜欢参加什么样的活动？

你喜欢看哪些方面的书？

你的优势是什么？你有什么缺点？

2. 应聘动机

你为什么应聘这个工作？
为什么选择我们公司？
你认为找工作首先考虑的因素是什么？
今后在事业上你有什么打算？
我们公司令你感兴趣的是什么？
你的理想是什么？

3. 专业情况

你为什么选择这个专业？
你最喜欢的课程是什么？为什么？
你对自己的学习成绩满意吗？
你将如何利用专业知识为工作服务？
如果让你重新上大学，你还会选择这个专业吗？

4. 工作能力

你担任过学生干部吗？是怎样胜任的？
大学期间你最满意的事情是什么？
你参加过什么样的课外活动？有什么体会？
业余时间你都做些什么？
你最喜欢什么样的工作岗位？
当很多人在一起讨论某个问题时，你的发言大家都在聚精会神地听吗？

5. 工作态度

你愿意和他人一起工作还是独自一个人工作？
你愿意经常加班吗？
你怎样看待工作压力？
如果公司要你经常出差，你愿意吗？
上班时间你的上司在办公室和你聊天，你怎么办？
在工作中看到别人违反工作制度和规定，你会怎么办？

你愿意向领导或上司提建议吗?

6.应变能力、思维能力

你对成功的解释是什么?

你认为一名成功的管理人员应该具备哪些素质?

你如何看待企业文化?

你认为我们公司要取得成功应该做些什么?

如果你是面试官,你认为作为一名××方面的技术人员应该具备哪些素质?

问你一个简单的问题:你精明吗?

如果无意中了千万元彩票大奖,你将如何使用?

7.人际关系

你喜欢和什么样的人交往?

你和同学关系融洽吗?

你喜欢独立工作还是喜欢和别人一起工作?

你喜欢什么样的老板?

你认为怎样才算尊重领导?

8.其他问题

你喜欢你的学校吗?

你喜欢什么样的名人?

你最崇拜的人是谁?

你是不是打算继续学习?

你觉得学历和工作经历哪个更重要?

你怎样对待别人的批评?

二、回答问题的技巧

回答问题时要恰当、准确、诚恳,要能通过对问题的回答体现自己的思想、才智、修养等,只有这样才能顺利求职成功。

1.把握重点,言简意赅

一般情况下,回答问题结论在前,阐述在后,也就是先将自己的中心意思表达清楚,然后再作叙述和论证。长篇大论会让人得不到要领。面试时间有限,神经有些紧张,多余的话太多,容易走题,反而会将主题冲淡或漏掉。

2. 讲清原委,避免抽象

主考官提问总是想了解一些应试者的具体情况,切不可简单地以"是"、"否"作答。针对所提问题的不同,有的需要解释原因,有的需要说明程度。不讲原委、过于抽象的回答,往往不会给主考官留下深刻的印象。

3. 突出优势,见解独到

应届生与社会人士相比,自有其不足之处,但未必所有环节都居人之下。如果在求职过程中能将自己的性格特征、专业优势、鲜明亮点表现出来,或许能让用人单位耳目一新,"万花丛中一点红",被录用的可能性就会增加。卓越典范企管顾问公司陈志嵘老师在谈到自己的招聘经验时说:"相当多的应届生,因不擅总结自己的优点,不能发现自己的长处,导致求职失败。"相关资料统计表明,应届生因为不能突出自己的优势、特长而造成求职失败的比率超过77%,不能不说是个沉痛的教训。同时,回答问题时,应该有自己独到的个人见解和个人特色,这样才会引起考官的兴趣和注意。

4. 语言流畅,语气恰当

加州大学洛杉矶分校的一项研究表明,个人给他人留下的印象,38%取决于音质,由此可见语言表达的重要了。与人交谈时发音要准确,吐字要清晰,语速快慢适中,以对方能听见和听清楚为原则,声音不宜过大或过小。在不同的时候,说话的语气也应该有所区别,比如,打招呼时宜用上声语调,加重语言并带拖音,以引起对方的注意;自我介绍时,宜用平缓的陈述语气,不宜使用感叹句和祈使句。

5. 真诚坦率,实事求是

"知之为知之,不知为不知,是知也",孔子的这句话用在求职时就是要真诚坦率,实事求是。在面试中,遇到自己不知、不懂、不会的问题时,回避闪烁、默不作声、牵强附会、不懂装懂的做法是不明智的。诚恳、坦率承认自己的不足之处,反倒会赢得主试者的好感和信任。

6. 回答问题列举

问题一:"请你自我介绍一下"。

思路:这是面试的必考题目,介绍内容要与个人简历相一致,表述方式上尽量口语化,要切中要害,不谈无关、无用的内容。条理要清晰,层次要分明,事先最好以文字的形式写好、背熟。

问题二:"请谈谈你的家庭情况。"

思路:家庭情况对于了解应聘者的性格、观念、心态等有一定的作用,这是招聘单位问该问题的主要原因。可以简单地罗列家庭人口,宜强调温馨和睦的家庭氛围,宜强调父母对自己教育的重视,宜强调各位家庭成员的良好状况,宜强调家庭成员对自己工作的支持,宜强调自己对家庭的责任感。

问题三:"你有什么业余爱好?"

思路:业余爱好能在一定程度上反映应聘者的性格、观念、心态,这是招聘单位问该问题的主要原因。最好不要说自己没有业余爱好,不要说自己有哪些庸俗的、令人感觉不好的爱好,最好不要说自己仅限于读书、听音乐、上网,否则可能令面试官怀疑应聘者性格孤僻,最好能有一些户外的业余爱好来"点缀"你的形象。

问题四:"你最崇拜谁?"

思路:最崇拜的人能在一定程度上反映应聘者的性格、观念、心态,这是面试官问该问题的主要原因。不宜说自己谁都不崇拜,不宜说崇拜自己,不宜说崇拜一个虚幻的、或是不知名的人,不宜说崇拜一个明显具有负面形象的人,所崇拜的人最好与自己所应聘的工作能"搭"上关系,最好说出自己所崇拜的人的哪些品质、哪些思想感染着自己、鼓舞着自己。

问题五:"你的座右铭是什么?"

思路:座右铭能在一定程度上反映应聘者的性格、观念、心态,这是面试官问这个问题的主要原因。不宜说那些易引起不好联想的座右铭。不宜说那些太抽象的座右铭。不宜说太长的座右铭。座右铭最好能反映出自己某种优秀品质。参考答案——"只为成功找方法,不为失败找借口"。

问题六:"谈谈你的缺点。"

思路:不宜说自己没缺点。不宜把那些明显的优点说成缺点。不宜说出严重影响所应聘工作的缺点。不宜说出令人不放心、不舒服的缺点。可以说出一些对于所应聘工作"无关紧要"的缺点,甚至是一些表面上看是缺点,从工作的角度看却是优点的缺点。

问题七:"谈一谈你的一次失败经历。"

思路:不宜说自己没有失败的经历。不宜把那些明显的成功说成是失败。不宜说出严重影响所应聘工作的失败经历。所谈经历的结果应是失败的。宜说明失败之前自己曾信心百倍、尽心尽力。说明仅仅是由于外在客观原因导致失败。失败后自己很快振作起来,以更加饱满的热情面对以后的工作。

问题八:"你为什么选择我们公司?"

思路:面试官试图从中了解你求职的动机、愿望以及对此项工作的态度。建议从行业、企业和岗位这三个角度来回答。参考答案——"我十分看好贵公司所在的行业,我认为贵公司十分重视人才,而且这项工作很适合我,相信自己一定能做好。"

问题九:"对这项工作,你有哪些可预见的困难?"

思路:不宜直接说出具体的困难,否则可能令对方怀疑应聘者不行。可以尝试迂回战术,说出应聘者对困难所持有的态度——"工作中出现一些困难是正常的,也是难免的,但是只要有坚忍不拔的毅力、良好的合作精神以及事前周密而充分的准备,任何困难都是可以克服的。"

问题十:"如果我录用你,你将怎样开展工作?"

思路:如果应聘者对于应聘的职位缺乏足够的了解,最好不要直接说出自己开展工作的具体办法,可以尝试采用迂回战术来回答,如"首先听取领导的指示和要求,然后就有关情况进行了解和熟悉,接下来制订一份近期的工作计划并报领导批准,最后根据计划开展工作。"

问题十一:"与上级意见不一时,你将怎么办?"

思路:一般可以这样回答"我会给上级以必要的解释和提醒,在这种情况下,我会服从上级的意见。"如果面试你的是总经理,而你所应聘的职位另有一位经理,且这位经理当时不在场,可以这样回答:"对于非原则性问题,我会服从上级的意见,对于涉及公司利益的重大问题,我希望能向更高层领导反映。"

问题十二:"我们为什么要录用你?"

思路:应聘者最好站在招聘单位的角度来回答。招聘单位一般会录用这样的应聘者:基本符合条件、对这份工作感兴趣、有足够的信心。参考答案——"我符合贵公司的招聘条件,凭我目前掌握的技能、高度的责任感和良好的适应能力及学习能力,完全能胜任这份工作。我十分希望能为贵公司服务,如果贵公司给我这个机会,我一定能成为贵公司的栋梁!"

问题十三:"你能为我们做什么?"

思路:问答这个问题的基本原则是"投其所好"。回答这个问题前,应聘者最好能"先发制人",了解招聘单位期待这个职位所能发挥的作用。应聘者可以根据自己的了解,结合自己在专业领域的优势来回答这个问题。

问题十四:"你是应届毕业生,缺乏经验,如何能胜任这项工作?"

思路:如果招聘单位对应届毕业生的应聘者提出这个问题,说明招聘单位并不真正在乎"经验",关键看应聘者怎样回答。对这个问题的回答最好要体现出应聘者的诚恳、机智、果敢及敬业。参考答案——"作为应届毕业生,在工作经验方面我的确会有所欠缺,因此在读书期间我一直利用各种机会在这个行业里做兼职。我也发现,实际工作远比书本知识丰富、复杂。但我有较强的责任心、适应能力和学习能力,而且比较勤奋,所以在兼职中均能圆满完成各项工作,从中获取的经验也令我受益匪浅。请贵公司放心,学校所学及兼职的工作经验使我一定能胜任这个职位。"

问题十五:"你希望与什么样的上级共事?"

思路:通过应聘者对上级的"希望"可以判断出应聘者对自我要求的意识,这既是一个陷阱,又是一次机会。最好回避对上级具体的希望,多谈对自己的要求。如"作为刚步入社会新人,我应该多要求自己尽快熟悉环境、适应环境,而不应该对环境提出什么要求,只要能发挥我的专长就可以了。"

三、提问的技巧

应聘时提问,是为了达到两个目的:显示个人专业及深度;弄清疑点,有助于自己做出相关决定。

求职者提出的问题要视面试官的身份而定。面试前,求职者最好弄清面试官的职务,打听清楚面试官是一般工作人员,还是负责人,如果是负责人,到底是哪一级的负责人。要视面试官的职务而提问题,不宜不管面试官是什么人,什么问题都问,使得面试官无法回答,这样的问法不但没有起到提问的效果,反而引起面试官对自己产生反感。如果想了解用人单位共有多少人、职称结构、主要业务方面的问题,就不宜向一般工作人员提问,而应向用人单位的负责人提问。

1. 求职者可以提的问题

一般情况下,求职者可向面试官提出以下几个方面的问题:一是用人单位的性质、上级部门、组织机构、人员机构、成立时间、产品和经营状况;二是用人单位在同行业中的地位、发展前景、所需人员的专业及文化层次和素质要求;三是用人单位的用工方式、内部分配制度、管理状况、经济效益和社会效益等。

2. 提问应注意的事项

提问应注意以下几个问题。

第一,提问要注意运用适当的方式、语气,有些问题可以直截了当地提出来,如用人单位的人员结构、岗位设置等;有些问题则不可直截了当地提出,而要婉转、含蓄一点。

第二,不宜提模棱两可、似是而非的问题,特别是与职业、专业有关的问题,一定要确切,不要不懂装懂,提出幼稚可笑的问题,因为面试官从提问中可以看出求职者的知识水平、思维方式、个人价值观等。

第三,不宜提过于专业或者太深奥的问题。提问并不是为了难倒面试官,所以不要询问一些专业性很强的问题,更不能和面试官争论问题,否则会适得其反。

向面试官提问题,不仅是一种详细了解企业和职位相关信息的途径,还是求职者展现自我的绝好机会,求职者应该好好利用这个机会表达自己对这份工作的渴望及自己有做好工作的充分准备。

四、面试时忌讳的问题

1. 忌临阵怯场

即将毕业的大学生往往对自己信心不足,怕和陌生人打交道,总觉得自己或者成绩不好,或者能力不强,或者经验不够丰富,求职没什么优势,因此面试时往往胆怯害怕。出现这种心理,求职成功基本上就是奢望了。一个对自己没有信心的人,别人又怎么愿意把工作交给他呢?

2. 忌与众相同

"能介绍一下自己吗?"是面试时常问的问题,回答这类问题时忌讳与众相同,切记不要把自己的简历复述一遍。可以讲一个自己的故事,让对方了解自己的性格特征。面试时,要注意自己的语音、语速。要想让考官满意,可以模仿他们的语速。

3. 忌"心直口快"

如果每次考官刚说完问题,自己就迫不及待地去回答,会显得不够稳重。当然了,如果每个问题都要想了又想,又显得过分谨慎,畏首畏尾。正确的做法是:大多数问题一经提出,你可以立即回答,边回答边考虑如何收尾。如对方问"你有时会不会感到与他人合作很困难"时,可以这样回答:"在学校的各种社会活动和小组课题中,我从没有听到别人说跟我合作很困难。如果有的话,我想那是因为有时我对自己感兴趣的活动太投入了。"

其他比较棘手或意想不到的问题,你可以采取这样的对策:把对方提出的问题用陈述的语气自己讲一遍;要想确认一下对方的问题,比较合适的方法是问"您是指……吗",把刚才的问题用自己的理解方式再回放一下。

4. 忌喧宾夺主

面试是程式化很强的活动,有它的游戏规则。主试者往往是通过问答来了解应聘者是否适合和能胜任所提供的工作,主试者的问是主导,面试者的答是重点,主试者是了解对方,面试者是被了解的对象,问与答不是探讨问题的对错与否。因此,面试时一定要明确自己的身份和所处的位置,切忌喧宾夺主,盛气凌人。如"请你介绍一下自己的情况",面试者不能回答"我的个人简历上都有写的"甚至"你没看过我的个人简历吗",或者是主试人对某个问题作进一步询问的时候,求职者质疑对方的问话,或者和对方展开辩论,这些答问方式都是不可取的。

【面试实例】

两个月前,我到某汽车贸易公司参加面试。刚刚毕业的我,没有丰富的面试经验,也不具备较好的外在条件。面试在市中心的写字楼,看着出入大厅的靓丽白领,再瞅瞅自己从同学那里借来的略显肥大的套裙,唉!

下午两点半面试,我提早 15 分钟到达,面试地点在大厦的 12 层,但我并没有急着上楼,而是先在大厅中调整一下自己的心情。还差 5 分钟时,我准备上去了,站在电梯门口,我能看出周围的人大都与我的目的相同,只是有些人刚到,比较匆忙。电梯门开了,大家鱼贯而入,满满当当地挤了十几个人,刚要关门,一个西装笔挺的人跑了进来,电梯间里立刻响起了刺耳的警告声——超载了。大家都把目光投向了那个穿西装的人,但他丝毫不为所动。顿时,电梯里陷入了刹那间的尴尬,虽然还有时间等下一班电梯,但谁也不愿意冒这个险,毕竟大家都想给主考人员留个不错的印象。

我站在靠边的位置,自然地走了出去,转过身,在关门的瞬间,我不自觉地冲电梯中的人微扬了一下嘴角。

我乘下一班电梯上来时,并没有迟到,面试也没有开始。有一两个人和我说起刚才的那一幕,抱怨那个"西服笔挺"的先生太不自觉,而我只是笑笑。

工作中,我见到了那个最后跑到电梯的先生,他是我的同事,进公司已经两年了。当我和他聊起那天面试的情景时,他笑着说,他也只是按照老板的意思,在电梯门口等待时机。公司除了要看应试者与主考人员的交流外,还会有很多参考因素,许多测试都是在无意中完成的——"其实,面试在你一开始迈进大楼就已经开始了!"

考官在给你进行综合打分时,不仅会看你与他的交流情况,你在面试单位的一举一动更会被"记录在案",作为"参考分",而有时这个参考分还会决定面试的成败。

【面试经验谈】

一个面试考官的话

今天的面试,我给每个人的时间,不会超过5分钟。

有一个人我只和他谈了3分钟,留下他的简历,他后面的同学用一种没有希望的眼神看着他,说:"这么快?"

我说:"你会更快。如果你不假思索的用两句话描述你的优点,我就招你,1分钟"。可惜他断断续续,说了一大堆——显然他心理的"谱",是他彩排好的自我介绍,我"打乱"了他的部署。

有一个学生,本来我觉得不错,她只用一页的简历,就表达了她的优势和特点,当我决定招她的时候,习惯的问下学期还有没有课并看简历,却看不到她的学校名字,"为什么没写学校名?","因为……我的学校不怎么样……"。我还是问了她的学校,然后拿起笔,在她的简历中帮她写下她的母校,然后在她眼前竖起简历:"有没写错?"

"没有。"

我今天对所有留下的简历,只是做一个动作(在认为特别适合的,打钩)。这是我唯一写字的简历,我不知道她明不明白,我是在告诉她什么。她的做法让我大打折扣。

如果我是负责教育的,我有一把足够大的铁锤,我会抡起来把所有的中国学校都砸掉,因为现在不会有一个学校敢站出来说:我们学校是"教做人的"——全部都是"教书"的。

当然,也有些学生非常善于推销自我,比如,有个应聘网页设计的学生,因为他做的东西都是在学校的内部网,没法把作品展现给我看,他和我说:"我把作品放到'职友集'上,你可以看。"还有一个应聘文案助理的,也是将她的文章传到自己的 BLOG 上。晚上我回去打开他们的主页,觉得他们放在网上的内容很充实,比如应聘文案助理的学生,上面有很多她的随笔作品,我看到她不错的写作思路和思维水平,我决定明天通知这两个人上班。他们都是来自那些被人看成"差学校"的学生,但是,他们善于利用多种途径,来表达他们的优势。比如善于利用"职友集"、BLOG 这种新的免费工具,的确成为他们赢得我的信任的关键。

总结今天的感受,我认为:未毕业,先失业,不是因为没有工作机会提供,而是就业能力结构失衡。就业难的关键,也不是因为毕业生多,教育水平下降,而是自我认知的能力模糊,就业信心和自我价值期望的下降。天之骄子的高傲姿态消失,是好事,但取而代之的不是平衡心、平常心,而是一种自卑、浮躁和茫然。

你可以认为我摆谱、摆资格,但是,作为毕业生,我相信你还是愿意听听一个从事了 5 年人力资源总监、有过 1 万人次面试经历的人力资源工作者,对你的如下"不满":

不要递给我花里胡哨的简历,给我一点简洁(不是简单)而能突出你自己的表达——面对成千上万的求职者,你真的以为 HR 会去看你那封 100 个人有 99 个差不多的求职信、和装订得像书本一样的简历模板内容吗？

　　不要对我说太多的自我介绍，我不敢说三五分钟我就准确判断了你，但是30秒之内我就定格了你的第一印象；我之所以很快结束你的面试，是因为你后面排队的人真是太多，我也曾经作为毕业生这样苦苦的等待，我只是为了给更多的人一个和你一样平等的机会，而后我会挑选请你到我办公室复试；你认为我给你的时间太少，而流露出失望眼神的那一刹那（自己是不是没被看中了？），你就丢失了再次获得复试的机会。我永远坚持：你的信心就是我的希望，你的岗位机会不是我给你的，而是你自己争取的。

　　不要一副"只要你招我我什么都肯做"的姿态，这样给我一种"卖身"的感觉，我请你是因为你会为公司创造价值，所以不是你"求"职，而是我"请"你。这不是叫你抬高姿态，而只是希望你抬起胸膛。

　　不要对我拒绝收你的简历，报以晦气的脸色或失望的情绪。我不接收你的简历，不是你不行，而是你不适合我的公司；我不接收你的简历，不是不给你机会，而是不想让你抱有根本不存在的期待（如果我收了，你会等待着我通知你）；不是我不给你面子，而是我不想浪费你和你父母的血汗钱——尽管每一份简历只有一两元，但是我没有任何理由，去浪费属于你的一分一厘，何况你还是一个纯消费者；我是在帮你节约，让你能够将它投给属于你的机会。我从不想当我拿不了那么多简历回公司的时候，把你的希望孤零零的留在招聘场地里；我更不希望，当招聘会结束以后，你的简历会在冷清的场地，像其他被丢下的简历一样，雪花般漫天飞舞，任人践踏——我决不加入这样的行列，而宁可拒收给你打击（你也必须开始懂得直面这样的打击），因为你熬了多少个夜晚做出来的那个简历，代表的就是你，上面写着你的价值和你的尊严。我始终认为，任何人都可以狠狠的批判教育制度，但是绝对不可以否定你的价值，更不可以践踏你的尊严！

　　不要不敢说出和写下你毕业的学校，无论她是如何的差，你是从那里走出来的，因为我绝对不会要这样的人：看到他父母的时候,因为他们的背景不好而不敢认他们;或者有一天离开我的公司,到一个更大的公司面试的时候,不好意思说我是来自一个不是500强的公司。对公司来说,你的价值和价值观,决定了一切。英雄莫问出处,如果你是一个狗熊,哪怕你从天堂走出来,也还是狗熊。

不要给我罗列一大堆你的学习成绩和从事的所谓实习(因为很多毕业生也曾经到我这里来兜一圈,参观一下,盖个章名曰"实习"),你只需要挑选一件特别的事情,要点式地说明过程和结果,让我知道你是怎样做事的。

不要不敢用眼睛看着我,你不敢瞧我的时候我也瞧不起你。

不要在回答"你的薪酬要求"的时候,多了那么多废话。我不想听每个人都重复着"因为我是毕业生,没有社会经验,所以如果公司觉得这个要求太……我也可以……",我的钱也许也是刚刚从人民银行印出来的,但是它们不会因为还没有被流通转手,而减损它的价值。其实我不在乎你说的是5000,还是1500,我在乎的是你说出一个数字的那种语气、眼神。我尊重每个人都有自估劳动力价值的权利(但公司自有它的薪酬制度,不会特殊对待你),但我喜欢干脆利落的同事,干脆利落是一种自信,是一种做事风格,也是一种做人态度。我会固执地认为:你说出这个数字前后带了多少个字符,就表示你做事有多拖泥带水;或者你的自我认识和自信是多么摇摆不定。

人生简短,价值无限,告诉人家你是独一无二的,你就是你,你成就你。

第四节 面试礼仪

面试,就是当面考试,谁懂得礼仪,懂得面试技巧,谁就拿到加试分,就容易拿到高分,就最先通过,最先拿到第一桶金。因此,在整个发简历、面试过程中要做到全套专业,这样才能击败对手,求职成功。那么,面试过程中,要从哪些方面包装自己呢?

面试是成功求职的临门一脚。求职者能否实现求职目标,关键的一步是与用人单位见面,与人事主管进行信息交流,以便使人事主管确信求职者就是用人单位所需要的人才。面试是其他求职形式永远无法代替的,因为在人与人的信息交流形式中,面谈是最有效的。在面谈中,面试官对求职者的了解,语言交流只占了30%的比例,眼神交流和面试者的气质、形象、身体语言占了绝大部分,所以求职者在面试时,不仅要注意自己的外表及谈吐,而且要注意避免谈话时做出很多下意识的小动作和姿态。

面试的过程可分为几个部分:见面前的准备→面试头几分钟(产生第一印象)→面试交谈→人事主管给求职者提问机会(最后几分钟)→结束面谈。求职者在学习面试礼仪时,应该首先了解面试本身的作用、面试过程,然后准备相应的面试礼仪。

一、服饰

学生服饰的基本原则是符合学生身份和初试者的特点,大方合身,干净整齐,价钱档次适中,不宜太新或太旧。这是因为崭新的衣服穿上去会显得不自然,太抢眼,以至于削弱了人事主管对求职者其他方面的注意;同时,如果服饰太新,人事主管会认为一个求职者服饰都是匆匆凑齐的,那么其他材料是不是也加入了过多人工雕琢的痕迹呢?而且太多从没穿过的东西从头到脚包裹在身上,一定有某些东西会让自己觉得别扭,从而分散了精力,影响了面试表现。平时应该注意选购一些较合身的服饰,面试前应熨烫平整,不能给人以"皱巴巴"的感觉。

面试时,合乎自身形象的着装会给人以干净利落、有专业精神的印象,男生应显得干练大方,女生应显得庄重俏丽。

(一)男生面试时的服饰礼仪

1. 西装

男生应在平时就准备好一至两套得体的西装,不要到面试前才去匆匆购买,那样不容易选购到合身的西装。应注意选购整套的两件式的,颜色应当以主流颜色为主,如灰色或深蓝色,这样在各种场合穿着都不会显得失态,在价钱档次上应符合学生身份,不要盲目攀比,乱花钱买高级名牌西服,因为用人单位看到求职者的衣着太过讲究,不符合学生身份,对求职者的第一印象也会打折扣的。

2. 衬衫

以白色或浅色为主,这样较好配领带和西裤。

3. 皮鞋

不要以为越贵越好,而要以舒适大方为度。皮鞋以黑色为宜,且面试前一天要擦亮。?

4. 领带

男生参加面试一定要在衬衣外打领带,领带以真丝的为好,上面不能有油污,不能皱巴巴,平时应准备好与西服颜色相衬的领带。

5. 袜子

袜子的颜色也有讲究,穿得西服革履时,袜子必须是深灰色、蓝色、黑色等深色,这样在任何场合都不失礼。

6. 发型

发型应该自然大方,不宜留长发,短发为佳;尽量避免在面试前一天理发,以免看上去不够自然,最好在三天前理发。男生女生都应在面试前一天洗干净头发,避免头屑留在头发或衣服上,保持仪容整洁是取得用人单位良好第一印象的前提。最好不染发,若要染发,颜色和发型不可太标新立异。

此外,男生要将胡须剃干净,并且在刮的时候不要刮伤皮肤,指甲应在面试前一天剪整齐。

(二)女生面试时的服饰礼仪

1. 套装

每位女生应准备一至两套较正规的套服,以备去不同单位面试之需。女式套服的花样可谓层出不穷,每个人可根据自己的喜好来选择,但原则是必须与准上班族的身份相符,颜色鲜艳的服饰会使人显得活泼、有朝气,素色的套装会使人显得稳重、大方干练。着装的原则是,针对不同背景的用人单位,选择适合的套装。

2. 化妆

参加面试的女生可以适当地化淡妆,包括口红,但不能浓妆艳抹,过于妖娆,不符合大学生的形象与身份;可以佩戴小耳环,但不宜太夸张的;留长指甲也应修剪有度,忌涂指甲油;不宜佩戴标新立异的装饰物。

3. 皮鞋

鞋跟不宜过高,过于前卫,夏日最好不要穿露出脚趾的凉鞋,更不宜将脚趾甲涂抹成红色或其他颜色,丝袜以肉色为雅致。

4. 皮包

女生的皮包要能背的,与装面试材料的公文包有所区别,可以只拿公文包而不背皮包,但不能把公文包里的文件全部塞在皮包里而不带公文包。

5. 手表

面试时,不宜佩戴过于花哨的手表,给人过于稚气的感觉。面试前应调准时间,以免迟到或闹笑话。

面试时忌讳的服饰是:男女生都不能在面试时穿T恤、牛仔裤、运动鞋,一副随随便便的样子,百分之百是不受人事主管欢迎的一类。女生一定不要在服饰上给人错误的信号,例如过于花枝招展、性感暴露的打扮会让人有别的想法,惹来许多不必要的麻烦甚至性骚扰,对求职本身毫无益处。

二、行为礼仪

肢体语言在人际交流中占50%以上,大家一定遇到过面试失败的例子,分析起来,专业也对口,也没说过什么不得体的话,一句话,不知道输在哪里。其实,除了职场竞争激烈是主要原因外,面试时身体语言表现不当而暴露弱点也是一个重要因素。

(一) 面试前的礼仪

1. 与旁人唠叨是禁忌

在接待室恰巧遇到朋友或熟人,就旁若无人地大声说话或笑闹,对刚刚面试的过程大肆渲染,往往会有这种情况出现。别忘了关于这些,面试官的视线是不会绕过去的。

2. 口香糖,香烟要三思

走进公司的时候,口香糖和香烟最好都收起来,因为大多数的面试官都无法忍受一个面试者边面试边嚼口香糖或吸烟。

3. 进门前检查一下仪表

需不需要补一下妆,看看发型有没有乱,口红及齿间有没有食物等,用小镜子照一下。只有在感觉一切准备就绪的状态下,才能从容地接受公司的面试。

检索简单常识。人们往往一紧张,就连平时挂在嘴边的话都想不起来,把一些常用词汇、时事用语、专业术语整理一下,面试前随手翻阅。所整理的词汇可根据具体应聘职务而有所不同。

(二) 面试时的礼仪

1. 走进房间

进入面试场地,求职者应始终面带微笑,注意进退礼仪,一定要保持抬头挺胸的姿态和饱满的精神;不要过分紧张,对碰到的每个公司员工都应彬彬有礼。当听到自己的名字被喊到,就有力地答一声"是",然后再进门;如果门关着的话,就要以里面听得见的力度敲门,听到回复后再进去。从门口走进来的时候,也要挺起胸膛堂堂正正的走。开门、关门尽量要轻,向招聘方各位行过礼之后,清楚地说出自己的名字。

2. 微笑

人与人相识,第一印象往往是在前几秒钟形成的,而要改变它,却需付出很长时间的努力。良好的第一印象来源于人的仪表谈吐,但更重要的是取决于他的表情。微笑则是表情中最能赋予人好感、增加友善和沟通、愉悦心情的表现方式,也是人与人之间最好的一种沟通方式。一个面带微笑的人,必能体现出他的热情、修养和他的魅力,从而得到别人的信任和尊重。

3. 使用敬语

敬语在面试中有着重要的意义,这表明了应试者对面试人员的态度问题,是不能忽略的。面试时,首先要注意称呼。称呼是沟通人际关系的信号和桥梁,也是表达情感的手段,因此,对别人怎样称呼应该十分慎重。称谓得当能使对方产生相容心理,感情就较融洽;称呼不当就会造成对方的不满或反感,因此称呼一定要得体。其次,要注意用语文明,用语礼貌,这样可以保持人与人之间正常的交往,同时它在一定程度上反映了一个人的精神面貌和品行修养。但使用敬语也不宜过分夸张,否则,是一件令双方都很尴尬的事。所以,这一点在平时待人接物上多琢磨、多实践,养成良好的习惯,如习惯于对长辈说敬语等。

4. 视线处理

面试时,应试者应当与主考官保持目光接触,以表示对主考官的尊重。目光接触的技巧是,盯住主考官的鼻梁处,每次 15 秒左右,然后自然地转向其他地方,例如望向主考官的手,办公桌等其他地方,然后隔 30 秒左右,又再望向主考官的双眼鼻梁处。做出具体答复前,可以把视线投在对方背景上,如望着墙上约两三秒钟做思考,不宜过长,开口回答问题时,应该把视线收回来。切忌闪烁回避,目光游离,这是缺乏自信的表现;也不要一味直勾勾地盯着对方的眼睛,这也是不礼貌的表现。

5. 站姿

正确的站姿是抬头、目视前方、挺胸直腰、肩平、双臂自然下垂、收腹、双腿并拢直立、脚尖分呈 V 字形,身体重心放到两脚中间;也可两脚分开,比肩略窄,双手交叉,放在体前或体后。站立开会时,男生应两脚分开,比肩略窄,双手合起放在背后;女生应双脚并拢,脚尖分呈 V 字形,双手合起放于腹前。

6. 坐姿

在没有听到"请坐"之前,绝对不可以坐下,面试官还没有开口,就顺势把自己挂在椅子上的人,已经扣掉了一半分数了,男生入座时要轻,至少要坐满椅子的2/3,后背轻靠椅背,双膝自然并拢,也可以略为分开。身体可稍向前倾,表示尊重和谦虚。女生入座前应用手背扶裙,坐下后将裙角收拢,两腿并拢,双脚同时向左或向右放,两手叠放于腿上。与人交谈时不要频繁地耸肩,手舞足蹈,左顾右盼,坐姿歪斜,晃动双腿等,这都是不好的身体语。

7. 要集中注意力

无论谈话投机与否,或者对方有其他的活动,如暂时处理一下文件,接个电话等,都不要因此分散注意力。不要四处看,显出似听非听的样子。如果对对方的提问漫不经心,言论空洞,或是随便解释某种现象,轻率下断语,借以表现自己的高明,或是连珠炮似的发问,让对方觉得自己过分热心和要求太高,以至于难以对付,这都容易破坏交谈,是不好的交谈习惯。

8. 态度要诚恳

在面试场上,常会遇到一些不熟悉、曾经熟悉现在竟忘记或根本不懂的问题。面临这种情况,默不作声、回避问题是失策;牵强附会、"强不知为知之"更是拙劣,坦率承认为上策。

(三)面试后的礼仪

1. 感谢

为了加深招聘人员对自己的印象,增加求职成功的可能性,面试后两天内,最好给招聘人员打个电话或写封信表示谢意。

感谢电话要简短,最好不要超过5分钟。

感谢信要简洁,最好不超过一页。感谢信的开头应提及自己的姓名及简单情况。然后提及面试时间,并对招聘人员表示感谢。感谢信的中间部分要重申对该公司、该职位的兴趣,增加些对求职成功有用的事实内容,尽量修正面试时可能留给招聘人员的不良印象。感谢信的结尾可以表达自己的素质能符合公司要求的信心,主动提供更多的材料,或表示能有机会为公司的发展壮大作出贡献。

面试后表示感谢是十分重要的，因为这不仅是礼貌之举，也会使主考官在作决定之时对自己有印象。据调查，十个求职者往往有九个人不回感谢信，自己如果没有忽略这个环节，则显得"鹤立鸡群"，格外突出，说不定会使对方给自己加分而赢得成功。

2. 不要过早打听面试结果

在一般情况下，考官组每天面试结束后，都要进行讨论和投票，然后送人事部门汇总，最后确定录用人选，可能要等 3～5 天。求职者在这段时间内一定要耐心等候消息，不要过早打听面试结果。

3. 整理心情

面试回来后，一次面试已经完成，但这只是完成一个阶段。如果同时向几家公司求职，则必须收拾心情，全身心投入第二家的面试，因为，未有聘书之前，仍未算成功，任何机会都不应该放弃。

4. 查询结果

一般来说，如果在面试两周后或在主考官许诺的通知时间到了，还没有收到对方的答复时，就应该写信或打电话给招聘单位或主考官，询问是否已作出了决定。应聘中不可能个个都是成功者，万一在竞争中失败了，也不要气馁。这一次失败了，还有下一次，就业机会不止一个，关键是必须总结经验教训，找出失败的原因，并针对这些不足重新做准备，"吃一堑，长一智"，谋求"东山再起"。

思考题

（1）针对某一具体职位，写一份个人自荐材料。

（2）以小组的形式组织一次模拟招聘面试活动。

第七章

大学生创业

随着我国市场经济的不断发展与完善,大学生的发展空间和施展才华的舞台不断扩大,就业渠道也呈现出多元化的趋势,大学生可以利用自己所学的知识和专业技能创办公司、开办企业、走自主创业的道路。高职高专学生在完成学业,进入社会,谋求职业生涯发展之中,更应树立创业意识、积极努力、大胆创业,用智慧博取成功,以创业锻炼自己,凭成就证明自我。

第一节 大学生创业概述

一、创业的概念

创业是创立基业、创办事业的意思。创业包含狭义和广义两个方面的理解:狭义的是指个人设立公司、开办企业等这类个人色彩较浓、个体行为较强的创业活动;广义的是指个人在集体中的某一岗位上按照岗位要求并结合自己的发展目标而努力的创业活动,这也就是通常所说的"岗位立业"。我们称前者为"狭义的创业",或者说"自主创业"。本章所说的创业是从狭义上来理解的,即指"自主创业"。

创业既是一个人对社会、自然、生命的挑战,也是勤劳勇敢、自强不息、弘扬民族精神的体现,还是落实职业理想、实现职业生涯的质的飞跃的标志,最能充分显示一个人的人生价值。我国社会主义市场经济体制的不断完善为越来越多的人成为企业家创造了条件,有越来越多的青年人将创办企业、成为企业家作为人生的奋斗目标。

在职业生涯中,如果将别人支配自己,变成了自己支配自己,甚至是自己支配别人,而且这种支配权不是来自于"上级"任免,而是来自于靠自己积累的财富,无疑是职业生涯发展过程中一次质的飞跃。这种飞跃,不但是在向社会,向自然挑战的过程中得到的,也是在向自己挑战的过程中得到的。在创业经受挫折时品尝烦恼,在创业获得成功时品尝欢乐,在烦恼、欢乐交织之中体验个人价值的实现。创办自己的企业,是大学生毕业时或就业几年之后,高起点地开始职业生涯或迈向职业生涯新高峰的标志。

二、大学生创业的内涵

大学生自主创业,在追求个人富足和自身价值实现的同时,可以创造社会财富和吸纳劳动力,切实地为国家经济发展和社会进步作出积极贡献。大学生创业的内涵包括三个方面。

大学生创业是一种既传承又创新,在传承中创新的行为。大学生创业不论是创建新企业,还是在原有企业中采用新策略、开发新产品、开辟新市场、引进新技术或运用新资源,都是不同程度的创新活动,因而大学生创业首先是创新,要具有创新的思维和能力。同时,任何创新活动都不能脱离实际,首先,要根据企业的原有条件、现实状况及未来发展方向去进行;其次,创业活动也是创业者本人的知识、经验和文化观念的反映,因此创业具有传承性。

大学生创业是一种既要宣传又要实践,在宣传中实践的行为。一方面,创业是创建或运营经济实体,故而具有实践性。其生产的产品可以是有形的物质产品,也可以是无形的精神产品,但都应具有满足社会和人类某种需要的特性,否则,创业就是无价值的和无意义的,也就不能称之为"创业"。另一方面,创业既然是从事生产实践活动,其行为就有模范、榜样的作用,故创业过程是生产实践活动和宣传活动的统一体。

大学生作为创业主体,既是创业的管理者,又是创业的参与者。大学生在创业的过程中,通常在企业中居于管理者的位置,从事企业的日常经营与战略决策。但同时,大学生又是普通的创业团队成员,具有普通劳动者的需要和特征。如希望通过诚实劳动获得收入,提高生活质量,博得相应的社会地位和社会承认与尊重,在劳动过程中实现自我价值等。

三、创业的意义

创业是创业者通过发现和识别商业机会、成立活动组织、利用各种资源、提供产品和服务,以创造价值的过程。创业号具有较高的风险,但也有较高的回报。随着商业经济的高速发展和知识经济的迅猛来临,越来越多的大学生投入到创业的浪潮中,并取得不少成功的经验,大学生创业也因此成为热门的话题。

创业是就业的另一种形式,不同的是创业者不是被动地等待他人给自己"饭碗"(就业机会),而是主动地为自己或他人创造"饭碗"。目前,我国提倡和鼓励大学生自主创业,并为此出台了一系列包括工商、税务等方面的优惠政策。之所以提倡大学生创业,除了创业不失为缓解目前就业压力的一条解决途径外,更重要的是引导大学生要具有敢于开拓的创业精神。

雅虎创办人之一杨致远指出:创业者成功机会非常少,不管是在中国还是在美国,创业能做到一个小成功,大概只是十分之一,中成功是百分之一,大成功大概是千分之一、万分之一。美国有统计表明,要成为真正的企业家,失败率是99%,只有1%的最初的企业家能在市场上生存5年或者更长时间。

既然创业成功的机会看起来如此渺茫,为什么还有众多的人选择了这条艰难的道路呢?首先,谋求生存乃至自我价值的实现可能是创业最主要的原动力;其次,如果你要想变得非常富有,开创自己的事业是最有希望实现致富的目标的,很少有人靠为别人工作而变得惊人地富有;再次,创业使得创业者能够自己控制自己的工作,自己决定何时何地怎样工作;最后,即便创业失败,但是其所带来的有益经验会使创业者学会更好地应对失败,恢复得比以前更坚强,而这正是企业家所需的品质之一。

"罗马不是一天建起来的",创业是一个复杂、艰辛的历程,大学生在校时就应主动地培养自己的创业素质,掌握一定的创业技能,进而享受创业和创新所带来的无穷乐趣。

四、创业的过程

为了创业,尽管不少大学生宁愿放弃宝贵的学习机会或学业,各级政府也在鼓励大学生创业,但事与愿违的是大学生创业成功者少、失败者众。专家分析认为,大学生创业面临难以逾越的五道坎。

一是创新坎。现在学生创业失败的多,一个重要原因就是忽视技术创新。学生创业一定要具备 4 个条件:一是有自主知识产权的创造发明;二是这一发明能转化为有市场前景的产品;三是这一产品要有预期的销路;四是要有可靠的资金提供者。其中,有没有自主知识产权成为大学生创业能否成功的首要条件。

二是知识坎。在创业计划大赛中,评委已发现许多创业者无法把自己的创意准确而清晰地表达出来,缺少个性化的信息传递,一些计划甚至是不知所云。对目标市场和竞争对手情况缺乏了解,分析时所采用的数据经不起推敲,没有说服力;相当多的计划书价格取向不明确,没有指明计划会给用户和市场创造什么样的价值,或用户为什么会购买他们的产品和服务,以及企业将如何赢利和保证正常运营。这些无一不反映出大学生在创业方面知识的缺乏。

三是资金坎。为多家学生公司提供管理和投资咨询的远卓公司董事郑立新曾指出,学生创业吸引投资存在三个误区。一是急于得到资金,给小钱让大股份,贱卖技术或创意。有不少核心技术拥有者在公司运营一段时间后,对当初的投资协议深感不满并提出毁约,而这样做的后果只能是在资本市场上臭名昭著。二是即便投资人不能提供增值性服务和指导,仍与其捆绑在一起。三是对风险投资不负责任地使用,烧别人的钱圆自己的梦。每一轮融资中的投资者都将影响后续融资的可行性和价值评估。因此,对于尚处早期的创业公司来说,应引入一些真正有实力、能提供增值性服务、与创业者理念统一的投资者,哪怕这意味着暂时放弃一些眼前的利益。

四是心态坎。盲目创业,是学生创业的"通病"。学生创业,首先要有"风险意识",要能承受住风险和失败。第二要有责任感,对公司、员工、投资者都必须有责任感。第三要有务实精神,踏实做事。

五是经验坎。大学生的理想与抱负是有的,但往往眼高手低,在创业过程中除了能纸上谈兵之外,对具体的市场开拓缺乏经验与相关的知识。经验不足,缺乏从职业角度整合资源、实行管理的能力,是大学生创业失败的一个重要原因。

因此,创业对于大多数未毕业甚至刚毕业的大学生来说,更多的是可望而不可即的梦。与创业成功率相比,就业成功率还是高得多了。并且,如果大学生在刚毕业时放低姿态,不挑三拣四,找到工作都是问题不大的。先就业后择业是国家这些年一直在提倡的策略。就业了,至少能解决自己的基本生存问题,在此基础上再择业,压力小了许多,经验也增长了。反之,一毕业就创业,成功率不高,又欠下一身债,沉重的债务负担需要大学生打拼多年才可能解脱,并造成极大的心理压力,对找工作也十分不利。

第二节　创业准备

大学生创业首先要有积极创业的思想准备。择业是起点,创业是追求。创业是拓展职业生活的关键环节,在就业压力较大的社会环境中,创业意识强烈并且思想准备充分就能获得更好的发展机会,甚至还能帮助别人就业。当今社会中增添的许多新职业,既体现了新的社会需要,也有利于创业者体现自己的智慧和价值。劳动和社会保障部从2004年建立新职业信息发布制度以来,已经向社会发布了许多新职业,并确定了今后向社会定期发布新职业的工作程序。新职业的发布也昭示同学们:自主创业的天地广阔,大有可为;要有敢于创业的勇气;要提高创业的能力。

1998年10月5~9日,在法国巴黎召开的世界高等教育大会通过的《21世纪的高等教育展望与行动世界宣言》中指出,为方便毕业生就业,高等教育应主要培养创业技能和主动精神,毕业生将越来越不是求知者,而首先将成为工作岗位的创造者。破除依赖心理和胆怯心理,勇敢地接受创业的挑战,做一个真正的创业者,这是当代大学生应有的精神品格和时代风貌。创业需要勇气,但需要的是智勇而不是蛮干。要打破"学历本位"的观念,树立"能力本位"的意识,努力提高自主创业的能力,在艰苦中锻炼,在实践中成才。

一、大学生创业的心理准备

1. 要有独立思考、判断、选择、行动的心理品质

创业既为社会积累物质财富和精神财富,又是谋生和立业。创业者首先要走出依附他人的生活圈子,走上独立的生活道路。因此,独立性是创业者最基本的个性品质。当然,我们提倡创业者具有独立性人格,但这种独立性并不等于孤独,也不是孤僻,因为,创业活动尽管是个体的实践活动,但其本质是社会性的活动,是人与人之间在交往、配合、协调中发生发展并且取得成功的。

2. 要有善于交流合作的心理品质

在创业道路上,必须摒弃"同行是冤家"的狭隘观念,学会合作与交流。通过语言文字等多种形式与周围的人们进行有效的交流与沟通,可以提高办事效率,增加成功的机会。

3. 要有敢于行动、敢于冒险、敢于拼搏、勇于承担行为后果的心理品质

在市场经济大潮中，机会与风险共存。只要从事创业活动，就必然会有某种风险伴随，且事业的范围与规模越大，取得成就越大，伴随的风险也越大，需要承受风险的心理负担也就越大。立志创业，必须敢闯敢干、有胆有识，才能变理想为现实。

4. 要有敢于克服盲目冲动和私利欲望的心理品质

在创业过程中，创业者要善于克制、防止冲动。克制是一种积极的有益的心理品质，它可使人积极有效地控制和调节自己的情绪，使自己的活动始终在正确的轨道上进行，不会因一时的冲动而引起缺乏理智的行为。创业者在创业过程中要自觉接受法律的约束，合法创业、合法经营、依法行事，自觉接受社会公德和职业道德的约束，文明经商、诚实经营、互助互利。当个人利益与法律和社会公德相冲突时，要能克制个人欲望、约束自己的行为。

5. 要有坚持不懈、不屈不挠、顽强努力的心理品质

创业者需要百折不挠、坚持不懈的毅力和意志。能够根据市场的需要和变化，确定正确而且令人奋进的目标，并带领员工战胜逆境实现目标。创业过程是一个长期坚持努力奋斗的过程，立竿见影、迅速见效的事是极少的。在创业之初，就应该做好失败的准备。要善于总结和吸取失败的教训，准备失败、认识失败、承认失败、利用失败，在困难和挫折中前进，才能步步为营、转败为胜。

二、大学生创业的知识准备

大学生创业必须具备以下各方面的知识。

1. 合法开业知识

（1）有关私营及合伙企业、有限公司等相关法律法规。

（2）怎样进行验资。

（3）怎样申请开业登记。

（4）哪些行业不允许私营。

(5)哪些行业的经营须办理有关行业管理手续。
(6)怎样办理税务登记。
(7)纳税申报有哪些规定和程序。
(8)如何购买和使用发票。
(9)银行开户程序和有关结算规定。
(10)成为一般纳税人有哪些条件。
(11)应该交纳哪些税费,如何交纳。
(12)怎样获得税收减征、免征待遇。
(13)怎样进行账务票证管理。
(14)国家对偷税漏税等违法行为有哪些制裁措施。
(15)增值税率及计征方法。
(16)工商管理部门怎样进行经济检查。
(17)行业管理部门如何进行行业管理和检查。

2. 营销知识
(1)市场预测和调查知识。
(2)消费心理、特点和特征知识。
(3)定价知识和策略。
(4)产品知识。
(5)销售渠道和方式知识。
(6)营销管理知识。

3. 货物知识
(1)批发、零售知识。
(2)货物种类、质量和有关计量知识。
(3)货物运输知识。
(4)货物报关储存知识。
(5)真假货物识别知识。

4. 资金及财务知识
(1)货币金融知识。
(2)信用及资金筹措知识。

(3)资金核算及记账知识。
(4)证券、信托及投资知识。
(5)财务会计基本知识。
(6)外汇知识。

5. 行业知识

(1)从事行业管理的法律法规。
(2)从事行业的行业规则、业务知识。
(3)经济法常识。
(4)劳动用工及社会保障知识。
(5)公关及交际基本知识。

三、大学生创业的能力准备

1. 决策能力

决策能力是创业者根据主客观条件,因地制宜,正确地确定创业的发展方向、目标、战略以及具体选择实施方案的能力。决策是一个人综合能力的表现,一个创业者首先要成为一个决策者。创业者的决策能力通常包括:分析、判断和创新能力。大学生要创业,首先要在众多的创业目标以及方向中进行分析比较,选择最适合发挥自己特长与优势的创业方向和途径、方法。在创业的过程中,能从错综复杂的现象中发现事物的本质,找出存在的真正问题,分析原因,从而正确处理问题,这就要求创业者具有良好的分析能力。所谓判断能力,就是能从客观事物的发展变化中找出因果关系,并善于从中把握事物的发展方向,分析是判断的前提,判断是分析的目的,良好的决策能力是良好的分析能力加果断的判断能力。创业实际就是一个充满创新的事业,所以创业者必须具备创新能力,有创新思维,无思维定式,不墨守成规,能根据客观情况的变化,及时提出新目标、新方案,不断开拓新局面,创出新路子,可以说,不断创新是创业者能够不断前进的关键环节。

2. 经营管理能力

经营管理能力是指对人员、资金的管理能力。它涉及人员的选择、使用、组合和优化；也涉及资金聚集、核算、分配、使用、流动。经营管理能力是一种较高层次的综合能力，是运筹性能力。经营管理能力的形成要从学会经营、学会管理、学会用人、学会理财几个方面去努力。

（1）学会经营。创业者一旦确定了创业目标，就要组织实施，为了在激烈的市场竞争中取得优势，必须学会经营。

（2）学会管理。要学会质量管理，要始终坚持质量第一的原则。质量不仅是生产物质产品的生命，同时也是从事服务业和其他工作的生命，创业者必须严格树立牢固的质量观。要学会效益管理，要始终坚持效益最佳原则，效益最佳是创业的终极目标。可以说，无效益的管理是失败的管理，无效益的创业是失败的创业。做到效益最佳要求在创业活动中人、物、资金、场地、时间的使用，都要选择最佳方案运作。做到不闲人员和资金、不空设备和场地、不浪费原料和材料，使创业活动有条不紊地运转。学会管理还要敢于负责，创业者要对本企业、员工、消费者、顾客以及对整个社会都抱有高度的责任感。

（3）学会用人。市场经济的竞争是人才的竞争，谁拥有人才，谁就拥有市场、拥有顾客。一个学校没有品学兼优的教师，这个学校必然办不好，一个企业没有优秀的管理人才和技术人才，这个企业就不会有好的经济效益和社会效益，一个创业者不吸纳德才兼备、志同道合的人共创事业，创业就难以成功。因此，必须学会用人，要善于吸纳比自己强或者有某种专长的人共同创业。

（4）学会理财。学会理财首先要学会开源节流。开源就是培植财源，在创业过程中，除了抓好主要项目创收外，还要注意广辟资金来源；节流就是节省不必要的开支，要有节约每一滴水、每一度电的思想。大凡百万富翁、亿万富翁都是从几百万、几千元起家的，经历了聚少成多、勤俭节约的历程。其次要学会管理资金。一是要把握好资金的预算，做到心中有数；二是要把握好资金的进出和周转，每笔资金的来源和支出都要记账，做到有账可查；三是要把握好资金投入的论证，每投入一笔资金都要进行可行性论证，有利可图才投入，大利大投入、小利小投入，保证使用好每一笔资金。总之，创业者心中要时刻装有一把算盘，每做一件事、每用一笔钱，都要掂量一下是否有利于事业的发展，有没有效益，会不会使资金增值，这样才能理好财。

3. 专业技术能力

专业技术能力是创业者掌握和运用专业知识进行专业生产的能力。专业技术能力的形成具有很强的实践性。许多专业知识和专业技巧要在实践中摸索，逐步提高发展、完善。创业者要重视创业过程中积累的专业技术方面的经验和职业技能的训练，对于书本上介绍过的知识和经验在加深理解的基础上予以提高、拓宽；对于书本上没有介绍过的知识和经验要探索，在探索的过程中要详细记录、认真分析，进行总结、归纳，上升为理论，形成自己的经验特色，积累起来。只有这样，专业技术能力才会不断提高。

4. 交往协调能力

交往协调能力是指能够妥善的处理与公众（政府部门、新闻媒体、客户等）之间的关系，以及能够协调下属各部门成员之间关系的能力。创业者应该做到妥善地处理与外界的关系，尤其要争取政府部门、工商以及税务部门的支持和理解，同时要善于团结一切可以团结的人，团结一切可以团结的力量，求同存异共同协调的发展，做到不失原则、灵活有度、善于巧妙地将原则性和灵活性结合起来。总之，创业者必须搞好内外团结，处理好人际关系，才能建立一个有利于自己创业的和谐环境，为成功创业打好基础。交往协调能力是在书本上学不到的，它实际上是一种社会实践能力，需要在实践活动中学习，不断积累总结经验。这种能力的形成，一是要敢于与不熟悉的人和事打交道，敢于冒险和接受挑战，敢于承担责任和压力，对自己的决定和想法要充满信心、充满希望；二是要养成观察与思考的习惯，社会中存在着许多复杂的人和事，在复杂的人和事面前要多观察、多思考，观察的过程实质上是调查的过程，是掌握第一手材料的过程，观察得越仔细，掌握的信息也就越准确，观察是为思考做准备，观察之后必须进行思考，做到三思而后行;三是处理好各种关系,可以说,社会活动是靠各种关系来维持的,处理好关系要善于应酬,应酬是职业上的"道具",是处事待人的表现方式。

5. 创新能力

创新是知识经济的主旋律,是企业化解外界风险和取得竞争优势的有效途径,创新能力是创业能力素质的重要组成部分。它包括两方面的含义,一是大脑活动的能力,即创造性思维、创造性想象、独立性思维和捕捉灵感的能力;二是创新实践的能力,即人在创新活动中完成创新任务的具体工作的能力。创新能力是一种综合能力,与人们的知识、技能、经验、心态等有着密切的关系。具有广博的知识、扎实的专业基础知识、熟练的专业技能、丰富的实践经验、良好的心态的人容易形成较好的创新能力,创新能力取决于创新意识、智力、创造性思维和创造性想象等因素。

第三节 把握职业生涯中的机遇

在现实生活中,我们会发现,有的人似乎特别的幸运,一次又一次地获得成功;而有的人总是落入失败的陷阱,于是失败者谈起别人的成功,总是愤愤不平地说他只是运气好,他们把成功看成是降临到幸运儿头上的偶然事件,自己的失败只是缺少机遇,事实真的是这样吗?事实上,机遇时刻都在我们每一个人的身边,我们跟它之间没有距离,或者用时髦的话说是"零距离接触"。关键的是,看我们当中谁能首先看到机遇;更关键的是,看我们当中谁能够一把抓住机遇。我们知道机遇是在人生道路上可能使人获得成功的而并非能够预料的机会和境遇,有些人虽然具备了成功的才能,但是没有显露的机会和展示的舞台,而与成功失之交臂。由此可见,机遇对于成功的意义是完全应该肯定和引起足够重视的。那么怎样才能做到善于发现机遇和把握机遇呢?

一、练好内功,迎接机遇

机遇本身是客观存在的,同时对于我们每个人都是公平的,但从实际情形看来,它往往只垂青于那些有准备的人。个人的积极能动性有助于其寻求到新的发展机会,或者创造适合自己的机会。许多事业上成功的人,经常不是依靠家庭或亲友的帮助,也不是依赖于社会给予的现成机会,而是依靠自己的努力和奋斗。所谓的有准备,就是要有坚实的基础、创造好必要的条件。要做到打好基础、创造好的必要条件,需要做好以下几点。

1. 增强自身实力

不断充实自己、增强自己的实力,是一种迎接机遇的积极态度,也是最为有效的准备。充实自己的最好办法就是不断地学习。学习的内容要根据职业生涯目标的要求,有计划、有步骤地进行。不同的时期,学习的内容会有所变化,不同的内容也可以有不同的学习方法。

在实践中提高也是自我学习的重要方式之一。工作也是学习,甚至在工作中获取的知识、技能、经验,因实践带来的实效性和亲切感是书本上知识无法代替的。"纸上得来终觉浅,绝知此事要躬行",这一点大学生要特别注意。就实际工作或者实践而言,不同的人有不同的收获。即使是干同一件事,不同的人收获也是不相同的,有的收获大,有的收获小,这与个人关注的东西和使用的方法密切相关。大学生应当在工作中积极发现问题,寻找学习的机会,使自己的能力不断得到提高。

2. 建立良好的人际网络

良好的人际网络与机遇有一定的关系,它对于一个人职业生涯取得成功也是非常重要的。人际间的交往、邂逅、合作与帮助往往会成为一些人难得的机遇。不论你从事何种职业,都不可能是单个人的行为,往往是团队协作行动。所以,良好的人际网络对于每个人都是非常重要的。如果你人缘好、朋友多,良好的人际关系可是使你信息灵通,机遇出现的可能性就会增加。不断提高自己的交际能力,努力拓展自己的人际网络,这样可以为成功的职业生涯奠定良好的基础。

如何提高自己的交际能力呢?

(1)广交朋友。共同的爱好常常是友谊的融合剂,以爱好为媒介,发展友谊,最容易成功。从专业的角度看,要积极参加社团活动、学术会议和专业会议。这样,不但可以拓展思路,而且可以结识很多的同行、朋友,甚至知音,得到很多有价值的信息,创造发展视野的大好机会。

(2)主动与人交往。主动与人交往,是广交朋友的一个重要方面。稍加注意你就会发现,凡是成功的人士,都是主动与人交往的,并注重建立友谊。这种友谊是人生的一种资本,朋友越多、资本越厚,成功的机遇就越多。

(3)结交不同类型的朋友。俗话说:什么样的人就有什么样的朋友。但是如果你跨出自己的社交圈,就可以接触到不同类型的人。不同类型的人会带给你不同的感受、不同的思想,有助于你眼界的拓展、思维的变化,从而突破自身原有的局限,发现新的机遇,提高成功的几率。

3. 培养自己的强项

一个人不可能事事精通,但在某一方面十分突出、技艺超群就是人才,就可能在这点上获得成功。从这种意义上看,着意培养自己的强项,有助于为自己创造机遇和把握成功。

所谓优势,主要指个人的天资、学识以及技能上优于他人的实力。它既包括生理上的特长,也包括心理上的优势,又包括技能上、学识上的优势。如果我们具备其中一项或者多项,就可以形成自己的某种优势或者综合优势,这样在事业上的竞争力就大大增强了。因此,为了捕捉机遇,我们必须有超前意识,有目的地发展自己的强项。此外,我们往往对于自己潜在的优势自己并不一定十分清楚,要在实际工作中多思考、多发现、关注它。

认准目标后就要努力培养,长期坚持,孜孜以求,不达目的绝不罢休。只要全力以赴,就有可能成为强项,最终形成真正的优势。

二、关注信息，发现机遇

当代社会，信息的重要性日益增强，可以说，信息就是资源、就是机遇。因此，学会获得信息，准确判断信息，机遇就会到来。人的信息越灵通，发展的机遇就越多，选择的余地也就越大。

1. 树立信息和机遇意识

能否有效捕捉信息、发现机遇，关键在于是否有信息意识和机遇意识。有了这种意识，才会积极关注信息，对信息保持高度的敏感性，才会从众多的信息中敏锐地发现对自己有益的信息，发现别人没有发现的机遇。这样你就可以在有限的时间内捕捉到更多有价值的信息，把握住机遇的脚步。

2. 多种渠道获取信息资源

获得信息最基本的手段是关注新闻媒体，如看电视、阅读报刊、听广播、上网等，从这些途径都可以了解社会生活资讯，进而从众多的信息中捕捉自己所需要的信息。新闻媒体是一种十分重要的信息资源，我们应当高度重视。当然，新闻媒体提供的信息是公开的，大家可以共享。因此，谁抓住的信息即时、准确，谁就可以在激烈的竞争中抓住机遇、掌握主动。对于大学生来说，养成经常关注信息的习惯是发现机遇的非常重要的环节。

三、抓住机遇，立即行动

当我们从信息中获得机遇后，应当立即行动；否则，机遇就会白白错过。立即动手抓住机遇，需要注意以下几点。

1. 捕捉信息要快

如同平常所说的抢占先机一样，捕捉信息要快，就是用最快的速度，争取以最短的时间，抓住机遇，从而捷足先登。

2. 决策速度要快

抓住有用的信息之后，要尽快地研究、取舍，拿出方案，形成决策。有的人尽管信息获取得快,但是决策迟缓,同样可能丧失机遇,让别人后来居上。

3. 行动要快

捕捉机遇、做出决策,并不等于抓住了机遇,还需要快速行动、抓紧落实。只有快速行动,才能抢先于别人,才能不失时机地抓住机遇。这就要求我们要有时间观念,俗话说"兵贵神速",要发扬雷厉风行的工作作风,落实方案,这对我们抓住机遇极为重要。

四、全力以赴,用好机遇

发现机遇、抓住机遇,仅仅是事业成功的一半,而另一半则是看你能否抓好机遇,利用好机遇。机遇对人生发展是重要的,但机遇不等于成功,只有把机遇变成现实,创造出价值来,才算是把机遇变成成功。

1. 珍惜机遇,抓住不放

机遇的得到,并非易事。所以,我们应当珍惜机遇,在有利的条件下做出成绩,成就一番事业。万不可以一旦机遇到手就沾沾自喜,放弃努力,这样可能导致前功尽弃。

2. 分析机遇,寻找最佳发展途径

抓住机遇后,还要分析和认识机遇所提供的有利条件,并与自身的发展需求相结合,统筹谋划,制订可行的实施计划并落实措施。

机遇提供给人们的外在的有利条件是多方面的。我们必须进行具体分析,把可利用的条件之性质、程度、方式以及存在的不利因素和风险搞清楚,做到心中有数,以便趋利避害,恰当应用。同时,抓住机遇以后,我们应当把注意力放在机遇的专业领域,将机遇提供的思路和有利条件引申开来,结合自身特点找到最佳的发展途径,利用机遇促进自身发展。

3. 奋发有为,用好机遇

机遇对于一个人的成功而言,仅仅是提供一个机会。能否利用好这个机会,创出一番事业,完全取决于你的努力程度。世界上没有一个成功者,是不经过努力而成功的,这是一个客观现实。因此,抓住机遇之后,我们必须努力奋斗,敢于拼搏,利用好机会,争取事业成功。

第四节 自主创业的实施步骤

一、掌握有关政策

当我们完成学业即将步入社会的时候,就意味着从依附家庭走向独立人生,从学业校园走向职业百花园,每个学子便开始了对自己毕业远大理想真诚的追求:是找岗位就业,还是自主创业,是"骑驴找马",还是"以创业的心态去就业",是以"纯粹的经济利益"为目的去创业,还是以"崇高的社会责任感"为使命去创造岗位,这的确是人生的一大选择。选择一项事业就意味着选择一种生活,选择一种生活等同选择一种人生。因为人的才能和精力都受时间的限制,如果错过了机会,知识就会贬值,精力就会衰退。机会之所以称之为机会,就在于它是一种限制,取消了一部分参与者的"资格"。如果大家都明白了如何绕过这个限制,那么,机会就平等了。鼓励、倡导和支持大学生创业,并不是说所有的人都适合创业,在自主创业的选择上,必须因人而异,因时而异。即便你具备了创业的条件和素质,也应理智面对,只有当理智融入勇敢之后,才会使选择更为科学。所以,每个立志创业者都应该考虑到自己所付出的时间成本,一次机遇的丧失,可能会导致几个月、几年,甚至是一生年华的白白流失。

创业是一种多样化生存价值的体现,它既属于个人选择的范畴,又符合社会及时代现状,作为一名当代大学生,应正确认识自身和社会需求的关系。确立正确的人生信念,主动将个人价值的实现与国家和民族的命运联系起来,将个人建功立业的志向与建设小康社会,实现为人民服务的理想联系起来,自觉主动地到基层,到艰苦的地方,到祖国最需要的地方和行业去创业,把个人的聪明才智融入振兴中华民族的伟大事业中。

(一)了解政策、用活政策

十六大报告指出:"要形成与社会主义初等阶级基本经济制度相适应的思想观念和创业机制,营造鼓励人们干事业,支持人们干成事业的社会氛围,放手让一切劳动、知识、技术、管理和资本的活力竞相迸发,让一切创造社会财富的源泉充分涌流,以造福于人民。"这标志着一个伟大的创业时代已经来临。为了鼓励大学生自主创业,国家相继出台了注册、贷款、税收等多方面的优惠政策,仅以 2005 年为例,中共中央办公厅、国务院办公厅印发的《关于引导和鼓励高校毕业生面向基层就业的意见》的通知(中办发 18 号)中就明确指出:"鼓励高校毕业生到基层自主创业和灵活就业。各级党委和政府要为高校毕业生自主创业和灵活就业提供良好的政策环境。各级政府要对到基层创业有贷款需求的高校毕业生提供小额贷款担保或贴息补贴。政府设立的中小企业担保基金,可适当放宽条件,为高校毕业生创办中小企业等自主创业提供贷款信用担保。在条件允许的情况下,省、市、县要通过财政和社会两条渠道建立'高校毕业生创业基金',支持高校毕业生自主创业。对自主创业和从事个体经营的,除国家限制行业外,自工商行政管理部门登记注册之日起 3 年内免交登记类、管理类和证照类的各项行政事业性收费。工商注册资本(金)可实行分期缴付方式,三年内缴清。对于以自由职业、短期职业、个体经营等方式灵活就业的,各级政府要提供必要的人事代理和劳动保障事物代理服务。"在相关政策的指引下,各地政府相继出台了相应的优惠政策,主要体现在以下几个方面。

(1)注册登记优惠。一是程序简化,二是费用减免。

(2)金融贷款优惠。一是优先贷款支持,适当发放信用贷款;二是简化贷款手续;三是利率优惠。

(3)税率减免优惠。

(4)员工待遇优惠。一是员工聘请和培训享受减免费优惠;

二是人事档案管理的优惠;三是社会保险有单独渠道。

由于各地经济发展及其他因素的差异性,所制定的优惠政策会有所不同。但是,无论政策多么优惠多么具体,对于一个创业者来说,绝不要完全依靠政策的优惠,更不能依赖政策,否则,你的创业目的就失去了意义,你的创业机会就会成为泡影。

(二)学习政策,依法创业

在开始创业前,需要了解我国的基本法律环境,要了解我国制定法律法规的环境,这是创业要做的第一件事。在我国,目前许多领域还有一些计划经济的痕迹,所以,政府对经济的管制,行政检查还比较多,许多经营项目需经审批,税外费用也时有发生。随着政府经济管理水平和企业自律能力的提高,上述问题将逐步得到解决。

我国是成文法国家,执法和司法均以法律、法规、规章以及规范性文件为依据。

首先,创建企业从事经营活动,必须到工商行政管理部门办理登记手续,领取营业执照。如果从事特定行业的经营活动,还须事先取得相关主管部门的批准文件。这就需要了解《企业登记管理条例》、《公司法》、《合伙企业法》、《个人独资企业法》等工商管理法规、规章和有关地方规定,还要了解企业组织形式的立法依据及组织形式,如股份有限公司,有限责任公司,合伙企业,个人独资企业等。不管你想要办哪类企业,都要涉及聘用员工,这就要求你必须了解劳动法、社会保险、环境保护法、职业病防治法等。只有了解了什么是劳动合同、试用期、实习期、工伤、职业病、养老金、住房公积金、医疗保险、失业保险等诸多方面的规定,才能做到懂法创业,守法经营,用法律保证企业的健康发展。

其次,企业创建后,并不是万事大吉,还必须要了解有哪些税种,你所创的企业需要缴纳哪些税,比如营业税、增值税、所得税等,然后进行税务登记。

最后一点,也是创业者最容易忽视的一点,那就是知识产权问题。你的企业既不能侵犯别人的知识产权,又要及时建立自己的知识产权保护体系,这就需要提前了解著作权、商标、域名、商号、专利、技术秘密等相关的知识和自我保护方法。

以上只是简单列举了创业常用的法律、法规及政策的使用范围,在企业实际运作中,还会遇到大量法律、政策等问题。当然,每一个创业者只需要对这些问题有一些基本的了解就可以了,专业问题一般由工作人员或律师去处理。

下面列举湖北省高校毕业生自主创业相关优惠政策。

(1)对高校毕业生灵活就业及自主创业,政府有有关扶持政策。目前,对高校毕业生从事个体经营的,除国家限制行业外,3年内免交登记类、管理类和证照类的各项行政事业性收费。半年内未就业的,可申请失业登记,享受失业人员相关政策,包括小额贷款和财政贴息等。

目前,扶持政策主要针对应届毕业生,持有毕业证的大学生均可享受,取得结业的肄业的学生,原则上不能说是毕业生,一般不能享受这些优惠政策。在享受相关政策时,毕业生需要出示毕业证、身份证、学校的就业报到证等。

(2)从事个体经营的高校毕业生,可以免交以下几类费用:即免交工商部门收取的个体工商户注册登记费、个体工商户管理费、集贸市场管理费、经济合同鉴证费、经济合同示范文本工本费;免交税务部门收取的税务登记证工本费;免交卫生部门收取的行政执法卫生检测费、卫生质量检验费、预防性体检费、卫生许可证工本费;免交民政部门收取的民办非企业单位登记费;免交国务院以及财政部、国家发展改革委员会批准设立的涉及个体经营的其他登记类、证照类和管理类收费项目;免交各省、自治区、直辖市人民政府及其财政、价格主管部门按照管理权限批准设立的涉及个体经营的登记类、证照类和管理类收费项目。

(3)对毕业6个月后未找到工作的大学生,经失业登记后,就业服务机构将为其提供免费的职业介绍、职业指导等就业服务。毕业两年内从事个体经营的高校毕业生,都可以自工商部门登记注册之日起3年内,免交有关登记类、证照类和管理类收费。

(4)高校毕业生从事技术转让、技术开发业务及与之相关的技术咨询、技术服务业务取得的收入,经科技部门认定,报主管税务机关备查,可免征营业税。另外,如高校毕业生新办第三产业企业,符合减免税条件的,报经主管税务机关批准,可在一定期限内减征或者免征企业所得税。具体情况可致电 12366 查询。

二、明确创业构思,合理选择经营项目

(一)创业构思

创业需要新的创意,但新的创意并不等同于创业。创业需要技术、资金、人才、市场经验、管理能力等各种元素支持,如果仅凭着创新点子贸然去创业,是行不通的。以 IT 创业为例,不少人认为就是几个年轻人,一个创意,一个专利技术,一笔风险投资,占一片市场,弄到股市上,然后一夜暴富。其实,IT 创业过程非常复杂,从创意构想,到筹集资金,设计研发,市场推广等,需要经历无数环节,其中任何一个环节出现问题,都可能导致创业失败。怎样才能避免或减少失败,这就涉及技巧问题,也就是说,必须系统地学习创业构思。在构思过程中,也就领会了创业所需要的技巧。

1. 目标技巧

要想创新就要选择一个具体的目标,需要强调的是"具体"二字,有了具体的目标,便可以围绕这个目标进行新的创意了。一般来说,一个完整的创新过程可分为三个阶段:一是"问题"阶段,即发现了现实生活中需要解决某个问题的阶段;二是"构想阶段",即在头脑中构想解决问题的阶段;三是"实施"阶段,这是最主要的也是最困难的阶段,就是将头脑中的构想加以实施的阶段,即"创新阶段"。在真正悟出这三个阶段的同时,创新技巧就已经出现了,当走到第三个阶段时,创新技巧的真经就显而易见了。

2. "创"字技巧

创新与创业都立足于一个"创"字,"创"是共同点。"创"的目的是出新立的业,"业"是"创"出来的。成功的创造者无一不是

勇于创新者。创新能力在创业中具有重要的意义,创新永远伴随着创业的全过程。可以说,创业过程的核心就是创新,任何一个优秀的创业者一定是一个出色的创新人才,创新是对固有观念的一次颠覆性革命,它要打破常人奉为金科玉律的人生准则,它要挑战你内心固守的最后一片领地,让你体验到反逻辑带来的心灵震撼。

3. 心灵技巧

30年前,美国人弗雷德·史密斯凭着一个想法——各业传递,被风险投资家看中,创办了"联邦快递"。如今,"联邦快递"已是全球最大的快递运输公司,在全球211个国家开展业务。当许多人还在为没资金,没有技术而大伤脑筋时,有那么一些梦想家,凭着敏锐的市场嗅觉和新奇的商业创意,从普通创业者摇身变成了日进斗金的创业家:第一家网络书店,第一个搜索引擎网站Yahoo,第一个拍卖网站e—bay……这些都是灵感的作用,大胆而科学的应用灵感创业,这不是冲动而是技巧。这就是说一个一闪即逝的灵感,也能成为梦想开始的地方。

要强调的是,有了新的创意或灵感还远远不够,还要去注意以下两点。

第一,科学与执著。前苏联著名科学家齐·奥尔科夫斯基(1857—1935)出生于俄国一个贫寒的森林守护人之家,从小就怀有做"宇宙公民"在星际航行的梦想。23岁时,他一边在一所中学教物理几何,一边自学,用很多时间和精力写了关于气体运动理论的论文,做了各种各样的仪器和模型。由于他的坚强意志和勤奋努力,很快就完成了全金属飞艇和星际火箭等设计工作。当时人们骂他是空想家、疯子,但他却认为,没有疯子的空想是飞不上天的。有一次,他家里遭到火灾,他苦心积累起来的图书、仪器、模型和手稿全部化为灰烬。但是,这些失败和挫折不仅没有导致他悲观泄气,相反,使他更加努力争取时间,重整旗鼓。1895年,齐·奥尔科夫斯基提出了征服星际空间的具体设想。他发表了人造卫星的图样,提出以人造卫星为星际航行的中途"基地",以及从这个"基地"再向月球和其他星球发射火箭的主张。几年以后,他出版了《可驾驶的金属飞船》，这是他最初提出的火箭飞行理论。经过了无数个日日夜夜和数万次计算，他懂得要想摆脱地球引力，火箭速度必须达到112km/s才能进入茫茫的星际空间，但是他当时所设计的火箭速度却未能超过25km/s。1929年，齐·奥尔科夫斯基终于首次提出了用多级火箭取得高速进而使火箭飞离地球的理论。后来他又提出了建立星际站的设想，对人类航天事业做出了奠基性的贡献。他制造了一只不锈钢的飞船模型，接着又制造了一批喷射推动机，同时还发表了450篇论文，把航天科学传播到全世界。

第二，严谨分析。创业者应对创意进行冷静而细致的分析，了解清楚自己的创意是否独具匠心，有没有强大的市场需求，是否具有可操作性，在推行过程中有无防止"克隆"的保护措施，在此基础上确定最有发展前途和风险相对较小的创业方案。

（二）选择经营项目

如果你具备了百折不挠的创业激情和实现自己人生价值的欲望后，选项目就是最重要的工作了。尤其是你初始创业，选择可行的项目是最重要的。项目一般根据功能可划分为贸易型、生产型和服务型等。如何选择到适合自己发展和容易成功的项目呢？根据是什么？由什么来决定你要选择创业项目的类别？这是因你的"性格、专长、实力、环境"而异的，是初始创业者选择容易成功项目的"四大法宝"。

因性格而异。"性格决定命运"这话没错，你的性格决定着你的未来。你的性格是急躁型的，并且一时半会儿改变不了的话，适合做贸易型的项目。千万不能选择生产型的项目，因为生产型项目需要很长时间的市场适应期，需要具有坚强的耐力，需要接受市场的考验，需要一个市场对你品牌的认知过程。为了确保项目的生存和可持续发展，需要不断地扩大你的规模，你可能等不了那么长时间，忍受不了各种各样的折磨，一旦你撑不住的时候，你的设备、半成品就一文不值了（贸易型的项目就好多了，顶多卖不了退货罢了），但你必然陷入各种纠纷的泥潭之中了；也不能选择娱乐服务型的项目,因为现在的客户是越来越挑剔了,有时候刁钻的客人会让你暴跳如雷,那你的客户将越来越少,最终的结果必然是关门大吉。以上两类项目适合温柔耐力型的性格。当然,你如果有合伙人,你们的性格能够互补,也是可以选择自己性格不允许的项目的。反之,千万不要冒险。

因专长而异。你的专长、特长、才智和阅历,是你选择项目的主要根据。你的专业和特长,是你选择新项目的根本,原则是"做熟不做生",这有利于你一开始就进入熟练的工作状态,使你的初始创业成功率高出很多;当然,你如果具备较高的才智和较丰富的阅历,确认自己能力非凡,哪怕没有什么学历,也可以选择很好的适合你的初创项目,也不一定要选择自己熟悉的东西,事在人为,因为你会在短期内就会熟悉那个行业的,这样的成功案例也很多。我不主张一个人抛弃自己的专业特长来选择项目,要知道具备专业特长且不失才智和阅历的人比比皆是,他们在业内才是真正容易成功的人。

因实力而异。俗话说"让实力说话",实力就是指你的资源能力。主要含有:资金规模、后续融资渠道等,它是决定你初期创业的规模和后续发展能力的重要支柱,是企业经营的主线。选择项目应遵守"量入为出"的原则。一个生产型企业一般投资都比较大,如果有10万元的企业计划资金,那么你最好后面还有两倍于这个资金数量的储备(包括可融资储备)。否则,你在经营几个月后,必然处于资金紧张、周转不灵的尴尬境地,被动局面也就可想而知了。你的预算一定不能可丁可卯,要做到绰绰有余,防患于未然。否则,就有很多麻烦,如果融资效果不佳,企业也可能有中途夭折的危险。无论是生产型还是贸易型的项目,都存在在途产品,都要压很多不能直接变现的东西。譬如,原材料占压、库存、半成品、下游经销商占压等。所以,你的预算不能可丁可卯。

因环境而异。这是决定你的项目成功与否的外在因素,就是所谓的"地利",主要包括政策优惠与否、场所的好坏、人际关系的优劣等,是你成功创业重要的外在条件。优惠的税收政策,使你减少了创业成本。适合的场所,使你如鱼得水,满足生产所需,或人气大增,人们希望到专业的一条街上去买东西,那是因为选择余地大。优良的人脉关系,使你的创业左右逢源。

三、筹措资金,注册登记

1. 筹措资金

创业,遇到的最大问题恐怕就是资金问题了。众所周知,创业必须要有足够的资金,没有足够的资金是无法创业的。可是,当你拿出全部积蓄还不够,向亲友借钱亲友没有多余的钱,向银行贷款又没有抵押物品的时候,你怎么办呢?办法总比困难多,天无绝人之路,只要开动脑筋,善于学习,广开思路,你就会找到许多巧妙而非常有效的筹资方法,实现自己创业的梦想。

(1)靠良好的信用说服别人。良好的信用和经营信誉是创业者的无价之宝,凭着它,可以有效地说服别人为你的创业提供各种方便条件。1924年,唐拉德·希尔顿打算建造第一座挂"希尔顿"牌子的饭店。他买了一处地皮,但动工不久却遇上了资金困难,于是他想到了资金的信用。在这之前,希尔顿在经营中非常注重信用,他的信用已被人们广为传颂。希尔顿先请地皮卖主的法律顾问在主人面前宣传自己守信用、善经营的情况,然后上门约见了地皮卖主劳德米克。希尔顿详细叙述了自己建造一座豪华饭店的前景,引起了对方的共鸣。希尔顿看到对方已经认同了自己的信用,于是提出自己在财力上的困难,想改买地皮为租地皮,租期99年,分期付款。劳德米克认为这也是一个好办法,自己既可保留土地的所有权,又可在希尔顿不能按期付款时收回土地,同时也收回饭店。劳德米克相信了希尔顿的信用和能力,于是他答应了下来,希尔顿旅馆因此建立起来,希尔顿旅馆业因此举世闻名。

(2)加盟大公司的连锁经营。俗话说,背靠大树好乘凉。有许多大公司为了扩大市场份额,正纷纷选择连锁经营的方式来扩充自己,为了有效而快速地扩大连锁经营的覆盖面,他们广泛吸收个体业主加盟经营。为此,他们常常会推出一系列优惠待遇给加盟者,这些优惠待遇或免收费用,或赠送设备等,虽然不是直接资金扶持,但对缺乏资金的创业者来说,等于获得了一笔难得的资金。家住南京鼓楼区的吴先生下岗后闲着没事,一直想开一个小店赚钱养家。经过一段时间的观察,他发现鼓楼区菜场边有一家卤味店生意非常红火,便打算开卤味店。但是,要开一家自作自卖的卤味店不仅投资大,还要顾及采购、加工、销售等方方面面的问题,况且自己又不懂卤味熟食的制作技术。于是,他通过朋友的介绍,以加盟的方式在中山中路北桥农贸市场内开了一家"不老神鸡"的连锁店。因为加盟连锁经营,实行的是货物配给制度,吴先生为此不仅省下了添置制作卤味食品的五万多元的设备费用,又省下了数千元的成本周转资金,公司考虑到他是下岗人员,还免去了他近万元的加盟费用,实际上,吴先生等于获得了六万多元的资金扶持,他只花了大约18000元左右就开起了一家别人要投资七八万元才能开起来的卤味店。

(3)接手亏损企业变现。在经营活动中,经常会出现一些亏损企业,这些亏损企业你可以接手过来,然后作为抵押物向银行贷款变现而获得创业资金。当然,这种筹资方法风险比较大,获得企业资金的代价是要承担一大笔债务。但是,创业本来就是风险和机遇并存的,如果你有足够的胆识和能力,那么,这种融资的办法将能帮助你在更短的时间内更快地走向成功。宋凯做了几年的外贸皮鞋生意,积累了一定的业务渠道,便打算自己办一家鞋厂。他仔细算了算,办个中等规模的鞋厂需要100万元的设备和周转资金,外加一处不小于200平方米的厂房。宋凯通过朋友在近郊某镇物色了一家负债累累、濒临倒闭的板箱厂,以"零转让"的形式接手了这家工厂,也就是该镇以资债相抵的办法,将工厂所有的动产、不动产以及工厂的债务全部一起转让给宋凯。厂房的问题解决了,但是100万元的资金从哪里来呢?宋凯到银行去贷款,负责信贷的人要他提供担保,可是上哪儿去找担保人呢?正在宋凯焦急万分时,他的一位朋友一语提醒了他:板箱厂的资产就是抵押物。就这样,宋凯不花一分钱,就解决了资金和厂房的问题。当然，他因此也背上了较重的债务，这就要靠他通过今后的努力来慢慢地偿还了。

（4）寻找风险投资。如今有很多大公司、大集团甚至个人手中都掌握了大量的闲置资金，他们也十分希望能找到一个可靠的投资对象。因此，假如你有好的项目，不妨找找风险投资。如何寻找风险投资呢？当然，可以通过亲朋好友的介绍，也可以委托专门的风险投资公司代理，还可以适当的做点寻资广告或者上网发布寻资信息。张××是某粮油食品商店的职工，近年来商店连年亏损，上级公司决定将该商店拍卖。张××认为商店地理位置十分理想，之所以亏损主要原因是因为经营管理不当。只要对商店的品种结构做一番调整，再加强商店的内部管理，就完全可以盈利。但是，要将商店拍到手，起码得有60万元以上的资金，凭自己的实力显然无法企及。于是，张××想到了昔日的同学仇英。仇×如今已是某集团公司的董事，向他借几十万元应该不成问题。仇×了解了张××的来意后说，动用集团的资金必须经过董事会的讨论，而外借资金一般是很难通过董事会的。假如以合资的方式参与合作竞拍倒是可以的。一个月后，张××在该集团100万元风险投资的支持下，一举拍得了粮油食品商店，实现了自己当老板的愿望。

（5）先做贸易，积累资金。没有资金创业，可以先替别人搞营销，待积累了一定的资金和经验后再去创业。柳传志是一个创业的传奇式人物，他领导联想由11个人20万元资金的小公司，用14年时间创建成为中国最大的计算机公司。联想一开始没有资金，也只能替人家卖机器。1988年，柳传志和几个热血汉子来到香港，手里只有30万港元，因此，他们到香港也只能和在国内一样，先从做贸易开始，通过贸易积累资金，了解海外市场。接着，联想选择了板卡业务，然后打回国内，为联想PC的成功奠定了基础。柳传志开始时就一心要形成产业，做贸易只是权宜之计，但是，通过做贸易，不仅使柳传志积累了创业资金，而且还学会了做生意，搞营销，终于成就了"霸业"。

(6)"滚雪球"。"滚雪球"就是用很少的钱贷到更多的钱的一种筹资方法。1986年,陈××向亲戚借了一万元办蜂蜜加工厂,但资金远远不够,他靠自己的两条腿跑市场,找蜂源,终于积累到了3万元。然后,他用这3万元作抵押,从银行贷到6万元。再将这笔款到另外一家银行作抵押,贷到了12万元。就用这种滚雪球的方式,陈××凑够了资金,办起了蜂蜜口服液加工厂,最终成了50名中国富豪之一。

(7)争取免费创业场所。创业离不开理想的场所,而创业之初的很大一笔投资就是用来支付房租的。因此,只要你能转变一个想法,想办法获得一处免费的创业场所,那就相当于得到了一笔可观的创业资金。农大园艺系毕业的小钱在一家专业不对口的公司里干得并不开心,所以他很想辞职开一家自己的花店。开花店最大的投资就是店面房租,大约需要2万多元,但是,工作还不到1年的小钱从哪弄来2万元呢?2000年10月,他在报纸上看到南京一家花鸟市场的招商广告,广告上承诺第一批进场设摊者均可享受免收半年租金的优惠。这真是天大的喜讯,小钱毫不犹豫地申请了一个摊位,像模像样地办起了一家观赏植物批零兼营店。由于他的不少同学在花卉生产单位工作,所以资源充足,质量上乘,生意红火。

(8)争取创业贷款。一般人总认为,要向银行贷款必须自己提供担保或者抵押,其实情况并非都是如此。现在有的银行为了拓展信贷业务,充分考虑了创业者寻找担保的实际困难,纷纷主动寻找担保方,为有意创业的人提供免担保贷款。

(9)争取政策性扶持资金。作为调节产业导向的有效手段,各地政府部门每年都会拿出一些扶持资金,例如近年来杭州市提出建设"天堂硅谷",把发展高科技作为重点工程来抓,与之相配套的措施是杭州市及各区县均建立了"孵化基地",为有发展前途的高科技人才提供免费的创业园地并拨出数目相当可观的扶持资金。假如你是高科技人才,不妨争取这样的政策性扶持,一旦成功,资金问题就会迎刃而解。

李教授任教于无锡某大学计算机系,但他并不甘于仅搞教学,他十分希望办个软件公司,发挥自己另一方面的才能。怎奈工资微薄,没有资金搞创业。1997年,他得知杭州市将创办高科技企业孵化基地,对通过资格审查的企业将提供免3年租金的办公场所,并给予一定的创业扶持资金。这无疑是一个难得的创业机会,李教授立即带领几个成绩优秀的学生创办了一家软件公司,不仅成功地进驻了位于杭州文三路黄金地段的百余平方米的办公场所,而且还得到了10万元的扶持资金,正好用来作为创业资金。

2. 注册登记

新创企业登记注册,是国家行使管理经济职能的一项行政监督管理制度。是在企业进行登记申请,由工商行政机构进行审核批准后进行。

是对企业法人资格依法确认的具体反映,也是企业合法经营的依据,具有法律效力。企业在核定的登记注册事项的范围内,从事生产经营,依法享有民事权利,承担民事义务,受到法律保护。注册登记又分为企业法人登记注册事项与企业营业登记注册事项。

企业法人登记注册事项有:名称、住所、经营场所、法定代表人、经济性质、经营范围、经营方式、注册资金、从业人数、经营期限、分支机构等。

企业营业登记注册的事项主要有:名称、地址、负责人、经营范围、经营方式、经济性质、隶属关系、资金数额等。

创业者企业注册登记需要准备的基本材料有:

(1)申请设立有限责任公司(2~50个股东)需要准备的基本材料。

①股东身份证明复印件(营业执照、身份证),外地自然人需办暂住证。

②无业证明:待业、下岗、退休等证明需复印件,辞职证明需打印件原件。外地自然人由原籍企业、居委会、村委会、人才市场等机构开具。

③法人代表照片4张(1寸、2寸均可,彩色、黑白均可)。

④办公场所租(借)房协议一份(需原件)及出租(借)方产权证明(复印件)。

⑤验资凭证:现金、货物。

⑥法人股东须提交上月资产负债表及损益表、股东会决议证明(同意出资)。

⑦拟定企业名称(行政区域、字号、行业特征、组织形式)。

⑧拟准经营范围及前置审批项目批文(有关行业需政府部门审批)。

⑨财务人员身份证及会计上岗证原件(税务局)。

(2)申请设立股份合作制企业(8个以上股东)需要准备的基本材料。

①股东身份证明复印件(营业执照、身份证),外地自然人需办暂住证。

②无业证明:待业、下岗、退休等证明需复印件,辞职证明需打印件原件。外地自然人由原籍企业、居委会、村委会、人才市场等机构开具。

③法人代表照片2张(1寸、2寸均可,彩色、黑白均可)。

④办公场所租(借)房协议一份(需原件)及出租(借)方产权证明(复印件)。

⑤验资凭证:现金、货物(最低注册资本3万元)。

⑥拟定企业名称(行政区域、字号、行业特征、组织形式)。除有限公司外,中心、研究所、工厂、销售部等组织形式均可使用。

⑦拟准经营范围及前置审批项目批文(有关行业需政府部门审批)。

⑧财务人员身份证及会计上岗证原件(税务局)。

(3)申请设立个人独资企业需要准备的基本材料。

①本人身份证明复印件(外地自然人需办暂住证)。

②无业证明:待业、下岗、退休等证明需复印件,辞职证明需打印件原件。外地自然人由原籍企业、居委会、村委会、人才市场等

机构开具。

③本人照片2张(1寸、2寸均可,彩色、黑白均可)。

④租房协议(需到租房所在区房产局签订正式协议,按租金7%缴产税和营业税)及出租方产权证明复印件。

⑤验资凭证(无需验资,注册资本自报不要超过15万元)。

⑥拟定企业名称(行政区域、字号、行业特征、组织形式)。除有限公司外,中心、研究所、工厂、销售部等组织形式均可使用。

⑦拟准经营范围及前置审批项目批文(有关行业需政府部门审批)。

⑧财务人员身份证及会计上岗证原件(税务局)。

第五节 大学生创业要注意的问题

(一)正确认识和客观评价自己

大学生无论做任何事情,都需要、正确认识和客观评价自己,不要一味觉得自己什么都不行,对自己没有信心,也不要一味觉得自己什么都可以做。其实一个人的缺点和不足、优势与特长都是有限的。客观评价自己,可以让你的亲朋好友告诉你性格外向还是内向,是否能吃苦,是否爱面子,是否有良好的语言表达能力,是否有良好的心理承受能力,是否适合独立做事,是否有很强的自控力等创业者应该具备的素质和能力。只有把这些问题弄清楚了,才能明白自己是个什么样的人,才能判断自己该做什么事情。

1. 信心是创业制胜的法宝

有信心才会有勇气,可一些人在期望创业时,总是觉得自信心不够,相反,更多怀疑自己是否有驾驭项目与风险的能力,因而本可以创业的而没有勇气创业。在这种消极心态作用下,机遇与幸运也就擦肩而过。

2. 树立良好的自主意识和创业心态

事实上,能不能创业与一个人的学历、学识、年龄和性别没有直接关系,更重要的是自主意识和创业心态。许多高校毕业生欠缺的恰恰是这种创业欲望和自主意识。有的毕业生有创业欲望,但创业心态不好。比尔盖茨的神话,在许多大学生心目中勾勒出创业的远大模板,创业就是从事高科技,就是一鸣惊人,就是一夜暴富。不少学生走入误区,在创业时不屑于从事服务业或技术含量较低的行业,醉心于挖掘第一桶金的迷梦。其实,大学生应该树立赚第一分钱,而不是第一桶金的概念。不要只盯着大商机、高科技,而是应该扎扎实实地从事第三产业、科技含量较低的行业开始练兵。

(二)加强创业发展中的控制

1. 加强创业发展速度的控制

任何事物的发展都有内在规律,投资创业、产品生产等都有其自身的规律,不能操之过急,要注意发展速度的控制。

企业发展过快会出现断裂发展。企业的成长同人一样,任何过程的跳跃与阶段的短缺都会导致初期创业脆弱生命的夭折,至少是埋下隐患。我们只能是朝着目标努力地、积极地、一件一件地去做,任何焦躁都于事无补。

企业发展过快会打乱系统平衡。企业全部活动的结果是销售收入,这个结果由若干个单元在系统的平衡运动中产生。企业的管理制度便是施加于其他单元的一套"操作软件"。一套合理实用的管理制度绝不是一朝一夕能够产生的,需要不断地追求合理化。如果你套用一种制度,或组织个班子花几天搞出一套制度,而不是从企业自身的实际出发慢慢形成切实可行的制度,那么,系统的混乱比你想象的还要严重。

企业发展过快会破坏生存基础。成功创业的愿望一旦遇到诱人的项目就会燃烧起来。愿望毋庸置疑,问题是,任何新的项目和新的领域都会有风险。风险通常来自两个方面,市场的不确定性和企业的能力所限。前者会在前进中逐渐变得清晰,后者也会在摸索中逐渐获得。只有当冰山浮出水面,又有了可以把握的底数,方可最后下决心。

企业发展过快会失去掌控主权。以营销计划为例,一个有规模的市场营销计划,在实施中会碰到很多不曾预料的事,甚至全盘推翻原来的计划。如果在执行中走得过快,就会与系统不能协调,直接碰撞的有:财务预算和现金流量,生产系统对新市场特点的适应,现有工艺技术对市场细分的要求等。这些都会直接动摇系统的平衡和稳定。

2. 加强创业发展规模的控制

创业发展规模失当导致投资失败通常不易被人察觉,他是一个巨大的潜伏性隐患。不是当地扩大规模,会出现三个致命问题:一是把投资者本应当在实践中逐渐增长的能力,过早地推到了极限,由此发生失控;二是对投资对象的内涵,本应该在成长过程中不断地加深认识和理解,却在一步迈大的过程中被忽略了;三是投资的链条被拉紧再拉紧,完全没有松动的余地,甚至出现资金链条中断。对于企业的发展规模控制,不是小就好,而是要适当。规模的适当应从行业种类、市场容量、开拓能力、流动资金和管理能力等方面综合考虑。

3. 加强中小企业会计内部控制

近几年来,在国内外成功经验和惨痛教训影响下,越来越多的大中型企业意识到加强会计内控的重要性,把会计内控制度的建立和执行当作企业的治本手段。而那些面广量大的小型企业,管理工作粗放随意,对内部会计控制的认识还相当模糊,内控基础工作还相当薄弱。若让小企业这棵幼苗成长为参天大树,加强和改进会计内控显得十分迫切。

（三）规避创业风险

大学生创业投资最大的问题是缺少风险意识,而市场时时刻刻都有风险,却不会有人及时提醒你风险在哪里,防范风险要靠自己。在创业风险中,往往存在机会成本风险、政策风险、盲目选项风险、缺乏经验与相关知识及实际运营能力的风险、市场风险和人事风险。

1. 机会成本风险

创业者选择创业就意味着放弃自己原先所从事的职业,丧失了其他的选择。如果创业失败,创业者将再次失去职业和其所带来的利益。所以机会风险是每个创业者应该考虑的问题。如果创业者认为目前创业时机成熟,那么就下定决心,立即着手创业。如果商机不是太好,而且自己对公司经营管理知之甚少,就暂时不要辞退工作,而是在工作中认真观察,了解公司各层领导是如何开拓市场、如何管理公司的,设身处地的将自己当作老总,对不同情况做出决策预案,并与公司老总的决定作比较,比较有何差距,如何改进。创业者也可以为其他公司打工,与目标企业建立良好的商业关系网,等时机成熟后再创业。

2. 政策风险

国家产业结构政策在不同时期可能进行调整,如果创业者当初进入了这个行业,在政策调整后,原有鼓励措施和优惠政策可能不复存在,创业者的竞争力和赢利能力就会受到严重影响。因此,在创业前,创业者应该对相关政策做出咨询、研究和预测,避免假的或暂时的利好消息,不盲目投资。作为创业投资者,要时刻了解国家政策,充分利用政策,注意与相关政府部门保持良好关系,争取政府的支持。

3. 选项风险

盲目选择不符合自身实际和市场需要的创业项目,往往导致创业失败。选择适合自己和市场需求的创业项目,是大学生必须越过的第一关。

在选择投资项目时,不要总是想着赚不赚钱、如何赚钱,还要时时刻刻想着如何不赔钱,在创业初期,只要能把每天的成本赚回来,不赔钱就是赚钱。

在选择投资项目时,要确定自己的最大风险承受能力。在你的投资资本中,有多少是借贷的,多少是自己的,你的最大承受底线是多少。

在选择投资项目时,要做你熟悉的业务。别人能够成功的项目你未必能够成功,别人不能成功的项目你未必不能成功。关键是你要熟悉自己的投资业务,不能盲目投资,白交学费。

在选择投资项目时,投资小的项目往往只能跟风,投资大的项目往往创造市场。越是很多人干的事情你越可以干,往往投资少,风险也小。当你二次投资,或者可以一次性较大投资时,就没有必要跟风,而应自己创造市场,把潜在的市场开发出来,这种投资风险大,但投资成功回报高。

在选择投资项目时,不要做高新技术和市场不成熟的行业。这些行业属于高风险、高回报的行业,看起来市场竞争力强,实际门槛高,成功率较低,往往是多数人失败,少数人成功。小本创业没有资金支持难以坚持到成功。

4. 创业者自身经验、知识和能力风险

大学生虽然掌握很多理论知识,但综合运用这些知识解决实际问题的能力还不够,这可能与他们社会经验不足有关。目前,大学生创业普遍缺乏企业管理经验、缺乏创业过程中涉及的经济、管理、技术、营销和法律等相关知识。在长期的应试教育下,大学生普遍缺乏基本的理财技能、推销意识和沟通技巧,对创业产品和项目和可行性往往不认真开展市场调查,而凭主观推断,这种推断与市场真实情况大相径庭。大学生本身的素质也制约着他们自主创业的步伐。对于公司发展目标、发展战略思路不清、措施不力等,造成创业难以成功。大学生创业,一定要加强学习、加强锻炼,充分做好自身经验、知识和能力的准备。

5. 人事风险

人事变化的不可预料性常令创业者措手不及,团队的解体使得很多工作无法执行甚至中断,这对创业中的创业者是致命的。作为创业者要尽可能规避,做到对参与创业人员要签订合作或者雇佣合同,规定双方的职、责、权、利,跳槽后规定年限内不得从事同行业,不得泄露机密等,设置违约赔偿条款;同时,做到建立健全公平、公正、有人性化的管理制度。

 思考题

(1) 谈谈你对创业的理解。
(2) 讲述一个你听过的关于创业成功的故事。
(3) 如果你有创业的想法,下一步你将怎么做?
(4) 如何正确地从校园走向社会?

参 考 文 献

[1] 姜小光.大学生心里健康与就业指导教程[M].北京:人民交通出版社,2008.

[2] 姜尔岚.大学生就业与创业指导[M].北京:人民交通出版社,2008.

[3] 沈斐敏.大学生职业生涯规划与就业创业指导[M].北京:人民交通出版社,2008.

[4] 李志.高职大学生就业指导[M].北京:人民交通出版社,2007.

[5] 胡瑞仲.高等职业学校大学生就业指导[M].北京:高等教育出版社,2002.

[6] 瞿振元.大学生就业指导[M].北京:高等教育出版社,2001.

[7] 马绍斌.心理保健[M].广州:暨南大学出版社,1995.

[8] 张大均,吴明霞.大学生心理健康[M].北京:清华大学出版社,2007.

[9] 李福军.大学生职业生涯规划与就业指导[M].西安:西北工业大学出版社,2010.

[10] 王登峰,张伯源.大学生心理卫生与咨询[M].北京:北京大学出版社,1992.